Rudolf Lüthe

Skepsis, Melancholie, Ironie

Philosophische Plädoyers

Band 14

LIT

Rudolf Lüthe

Skepsis, Melancholie, Ironie

Facetten einer philosophischen Orientierung in der postmodernen Kultur

LIT

∞
Gedruckt auf alterungsbeständigem Werkdruckpapier entsprechend
ANSI Z3948 DIN ISO 9706

Bibliografische Information der Deutschen Nationalbibliothek
Die Deutsche Nationalbibliothek verzeichnet diese Publikation in der Deutschen Nationalbibliografie; detaillierte bibliografische Daten sind im Internet über http://dnb.d-nb.de abrufbar.

ISBN 978-3-643-10529-5

Verlagskontakt:
Fresnostr. 2 D-48159 Münster
Tel. +49 (0) 2 51-62 03 20 Fax +49 (0) 2 51-23 19 72
E-Mail: lit@lit-verlag.de http://www.lit-verlag.de

Auslieferung:
Deutschland: LIT Verlag Fresnostr. 2, D-48159 Münster
Tel. +49 (0) 2 51-620 32 22, Fax +49 (0) 2 51-922 60 99, E-Mail: vertrieb@lit-verlag.de
Österreich: Medienlogistik Pichler-ÖBZ, E-Mail: mlo@medien-logistik.at
E-Books sind erhältlich unter www.litwebshop.de

Vorbemerkung

Die in diesem Band gesammelten Vorträge sind zu verschiedenen Gelegenheiten und über einen größeren Zeitraum hinweg entstanden. Für diesen Band wurden sie jedoch weitgehend überarbeitet und aktualisiert. Allen diesen Versuchen einer Orientierung in der postmodernen Welt sind zwei Grundzüge gemeinsam: Erstens formulieren alle diese Texte Vorschläge zum Umgang mit Problemen, die in der aktuellen Philosophie oder der zeitgenössischen intellektuellen Öffentlichkeit diskutiert werden, von einem spezifischen skeptischen Standpunkt aus. Zweitens wenden sich alle diese Texte an ein philosophisch interessiertes, keineswegs jedoch ausdrücklich an ein entsprechendes Fachpublikum.

Inhalt

Einleitung: Für eine neue Kultur der Vernunft.

1 Ökonomisches Handeln als das moderne Paradigma von Handlungsrationalität

Die moderne westliche Kultur ist durch die Herrschaft ökonomischen und technologischen Denkens bestimmt. Diese Dominanz technologisch-ökonomischer Rationalität zeigt sich unter anderem darin, dass Probleme der Ethik in der Moderne in strikter Analogie zu ökonomischen Problemlösungen angestrebt werden: Wir denken über Handeln im Allgemeinen so, als sei dieses seinem Grundzuge nach ökonomisches Handeln. Anders formuliert: Das ökonomische Denken ist in unserer Zeit zum Paradigma aufklärerischer Rationalität geworden.

Dagegen ist ökonomisches Handeln – philosophisch betrachtet – zunächst nur ein Spezialfall von Handeln. Unsere Handlungsaktivität aber kann prinzipiell ganz unterschiedliche Grundformen haben. Die Aufklärung hat uns gelehrt, nur den rationalen Typus des Handelns ernst zu nehmen und für theoriewürdig zu halten. Die moderne Gestalt der Aufklärung ist die von technologischer Naturbewältigung und ökonomischer Rationalität bestimmte spätkapitalistische Industrie- und Dienstleistungsgesellschaft. In ihr gelten wegen des Erfolges moderner Technologie und Ökonomie deren Rationalitätsform als Muster von rationalem Handeln überhaupt.

Deshalb beschreiben wir die Grundstruktur einer Handlung etwa wie folgt: Ein Handelnder verfolgt bestimmte Zwecke (Interessen). Im Rahmen einer sog. „Zweck-Mittel-Kalkulation" erwägt er verschiedene sich anbietende Handlungsalternativen. Handelt er rational, so wird er – nach dem herrschenden Vorverständnis – diejenige Alternative wählen, die, gemessen am notwendigen Einsatz, den relativ größten Nutzen (Gewinn) verspricht. Eine zusätzliche Rolle spielt häufig eine ausdrückliche Kalkulation der einzugehenden Risiken (wie etwa bei Investitionen).

Für unser modernes Verständnis menschlichen Handelns ist meines Erachtens bezeichnend, dass wir immer mehr dazu neigen, auch nicht-ökonomisches, etwa politisches, soziales oder auch privates Handeln nach dem Muster solcher ökonomischer Kalküle zu verstehen. Während die Philosophie der Neuzeit zunächst ökonomische Entscheidungen wie Handlungsentscheidungen im Allgemeinen verstand, geht die Tendenz seit vielen Jahrzehnten dahin, Handeln insgesamt in Analogie zu ökonomischen Entscheidungsprozessen zu verstehen.

Diese Entwicklung ist nur deshalb möglich geworden, weil im Zuge der Aufklärung nicht-rationale Legitimationsformen für Handlungen (angeborene oder zugesprochene Autorität, religiöse Verpflichtungen u. ä.) aufgegeben wurden. Gelten sollte nur noch, was sich mit Vernunftgründen – also „rational" – rechtfertigen ließ. Innerhalb der Handlungstheorie wurde recht bald ein neuer Wert gefunden, der die voraufklärerischen Werte wie Gottgefälligkeit, Gehorsam etc. ersetzte: die Idee der *Nützlichkeit*. Heute ist die Autorität der Nützlichkeit so weit entwickelt, dass sie unbestrittenes Kriterium nicht nur des ökonomischen, sondern alles ethisch differenten, also legitimationsbedürftigen Handelns ist. In der Philosophie des achtzehnten Jahrhunderts wurde dieses Denken von dem schottischen Aufklärungsphilosophen David Hume vorbereitet und im 19. Jahrhundert unter dem Titel „Utilitarismus" von J. St. Mill vollendet.

Vereinfacht formuliert ersetzt die Philosophie des Utilitarismus den traditionellen ethischen Wert des „Guten" durch den des „Nützlichen". Damit aber ist etwas Entscheidendes geschehen: Ein einstelliges Prädikat ist durch ein zweistelliges ersetzt worden. Das Gute nämlich ist gut an sich, ein Wert in sich selbst. Das Nützliche aber ist immer nur nützlich für etwas oder für jemanden. Der Utilitarist muss daher auch definieren, wofür denn etwas nützlich sein soll. Hier treten nun Unterschiede in den verschiedenen Handlungsformen auf: Politisches Handeln muss für Staat und Gesellschaft nützlich sein, ökonomisches Handeln für die handelnde ökonomische Einheit (etwa ein Unternehmen oder eine Gesellschaft), privates Handeln dagegen für einen Einzelnen oder eine Gruppe (etwa eine Familie). Dabei lassen sich in allen Fällen noch sehr viele verschiedene inhaltliche Bestimmungen der jeweiligen Nützlichkeit annehmen.

Auf diese Differenzierungen aber kommt es hier nicht an. Mir geht es um das Prinzip der Nützlichkeit selber, genauer um die Frage nach der Tragfähigkeit dieses Prinzips im Rahmen des privaten, politischen und ökonomischen Handelns in unseren modernen Gesellschaften.

Diesbezüglich will ich die These vertreten, dass die Idee der Nützlichkeit nur in dem Maße tragfähig sein kann, wie das in ihr unterstellte Menschenbild richtig ist. Dieses Menschenbild aber scheint mir erhebliche Mängel aufzuweisen, so dass sich daraus die Notwendigkeit ergibt, das Prinzip der Nützlichkeit zu relativieren.

Meine These lautet konkret wie folgt: Dem Nützlichkeitsprinzip liegt ein rationalistisches Menschenbild zugrunde. Dessen Kerngedanke ist die Vorstellung, menschliches Handeln sei seinem Grundzuge nach – oder solle dies sein – Ausdruck der fundamentalen Rationalität des Menschen. Deshalb sei nur rationales Handeln im engeren Sinne überhaupt Handeln und nicht bloß willkürliche, zufällige, chaotische Aktion. Unter den rationalen Formen des Handelns aber sei technologisches und ökonomisches Denken wegen seiner strikten Kontrollierbarkeit am messbaren Handlungserfolg und wegen seiner Orientierung am Muster der Wissenschaften, etwa der Mathematik, als besonders relevante Verwirklichungsform zu betrachten. Der Erfolg eines so geleiteten Handelns lege eine Übertragung seiner Prinzipien auf alle Formen des Handelns nahe. Handeln wird hier als das Ergebnis eines im Wesentlichen auf argumentfähigen Überzeugungen beruhenden Entscheidungsprozesses gesehen.

Nun zeigt sich aber an vielfältigen und weit verbreiteten Phänomenen unserer modernen Gesellschaft, dass die Reduktion menschlichen Handelns auf solche rationalen Faktoren dem „real existierenden Menschen" nicht gerecht wird. Der Mensch ist – so scheint es – kein rationales Wesen im Sinne des aufklärerischen Rationalismus. Gegen die skizzierte Ökonomisierung unserer Kultur oder gegen die Diktatur des Nützlichkeitsprinzips ließe sich also kritisch vorbringen, dass der klassische Utilitarismus fälschlicherweise annimmt, der Mensch sei wesentlich ein rationales Wesen und sein Handeln solle daher möglichst ein reiner Ausdruck seiner Rationalität sein. Deshalb sei ökonomisches Denken paradigmatisch für rationales Handeln überhaupt, weil sich hier die rationale Zweck-Mittel-Kalkulation am deutlichsten zeige.

Wenn nun gezeigt werden könnte, dass eine solche rationalistisch-utilitaristische Handlungsbeschreibung zumindest das außerökonomische Handeln falsch darstellt, so könnte sich daran die Frage anschließen, ob diese utilitaristische Konzeption nicht auch für das ökonomische Handeln selber unzureichend ist. Ich glaube nun, dass man dies zeigen kann.

Ich will im Folgenden Phänomene beschreiben, die insgesamt eine „Krise des Rationalismus" zu belegen scheinen und auf dieser Basis eine parallele „Krise des Utilitarismus" behaupten, um dann schließlich ein verändertes Menschenbild vorzustellen, dem eine neuartige Auffassung ökonomischen Handelns zu entsprechen hätte.

2 Modernisierungsschäden: Über die Defizite ökonomisch verstandener Welt- und Lebensbewältigung

Die Übertragung ökonomischen Denkens auf außerökonomische Lebensbereiche macht die Grenzen der Problemlösungskompetenz dieses Denkens deutlich. Im Scheitern des ökonomischen Denkens außerhalb der Ökonomie zeigt sich die innere Begrenztheit dieses Denkens überhaupt. Sein Grundproblem ist die naive Annahme, die Lösung relevanter Probleme sei im Wesentlichen eine Frage der „vernünftigen Organisation". Während sich dieses Denken im engeren Zusammenhang des wirtschaftlichen Handelns weitgehend zu bewähren scheint, scheitert es zunehmend in Politik, Gesellschaft und privatem Leben. Das außerökonomische Leben wird offenbar nicht dann am erfolgreichsten geführt, wenn es gut organisiert wird. Solche Organisation scheint es nicht zu bewältigen, sondern vielmehr zu überwältigen.

Das eigentliche Problem aber ist nicht das ökonomische Denken, sondern vielmehr die von der philosophischen Aufklärung propagierte Vorstellung, die Würde des Menschen realisiere sich am ehesten in einem aus autonomer Rationalität heraus selbst gestalteten individuellen Leben. Diese Konzeption führt zu verschiedenen und auch verschiedenartigen Problemen. Hier will ich mich jedoch nur mit den aus der Konzeption aufklärerischer Rationalität selbst entstehenden Schwierigkeiten befassen.

Meine Grundthese dazu lautet: Eine Kultivierung der Rationalität darf nicht auf Kosten der außerrationalen Komponenten menschlicher Existenz stattfinden. Dies würde nämlich zwangsläufig zu einer zivilisatorischen Barbarei führen:

> „Der Mensch kann sich aber auf eine doppelte Weise entgegen gesetzt seyn: entweder als Wilder, wenn seine Gefühle über seine Grundsätze herrschen; oder als Barbar, wenn seine Grundsätze seine Gefühle zerstören. (...) Der gebildete Mensch macht die Natur zu seinem Freund, und ehrt ihre Freyheit, indem er bloß ihre Willkür zügelt."[1]

Der barbarische Mensch der Moderne ist der unglückliche Vernunftmensch. Der homo oeconomicus und der homo faber bedürfen einer Ergänzung durch den homo ludens, um nicht in zivilisatorischer Barbarei unglücklich zu werden. – Andererseits aber muss vermieden werden, dass im Zuge einer gegenaufklärerischen Vernunftkritik aus der notwendigen Ergänzung der Rationalität deren Ersetzung durch einen neuen Irrationalismus wird. Utilitarismuskritik darf nicht zum Terror voraufklärerischer Vernunftfeindlichkeit (z. B. religiöser Fundamentalismus) und naiver Schwärmerei (z. B. grüner Ökologismus) führen.

Diesen Ausgleich herbeizuführen ist meiner Ansicht nach die kulturtheoretische Hauptaufgabe der Philosophie in unserer kulturellen Gegenwart. Zu ihrer Bewältigung ist gerade die Philosophie aufgerufen, weil sie nicht nur den Rationalismus begründet hat, sondern auch der postmoderne Irrationalismus aus einer philosophischen Aufklärungsmüdigkeit zu stammen scheint.

Die Lage ist offenbar wie folgt zu beschreiben: Die moderne Gestalt der Welt geht auf rationalistische Welt- und Menschenbilder der Aufklärung zurück. Deren Realisierung hat zu einer Dominanz von (technologischer) Naturbeherrschung und (ökonomischer) Vernunft geführt, wie es sie vorher in der Menschheitsgeschichte niemals gegeben hat. Nun aber bekommen die Philosophen Angst vor den Geistern (der Aufklärung), die sie selbst gerufen haben und scheinen eine gefährliche Sehnsucht nach radikaler Umkehrung des modernen Zivilisationsprozesses zu entwickeln: Unter verschiedenen Titeln und mit unterschiedlicher Zielsetzung wird immer wieder einmal ein Unbehagen an unserer Kultur kultiviert, das nicht nur den Rationalismus überwinden zu wollen scheint, sondern die Prinzipien der Rationalität selber in Frage stellt: Aus der „Dialektik" der Vernunft wird in dieser Interpretation schlicht ein „Elend der Vernunft". Hier droht ein neuer Irrationalismus. Statt einer Kultivierung der Rationalität wird deren Liquidierung propagiert.

---

[1] F. Schiller: „Über die ästhetische Erziehung des Menschen in einer Reihe von Briefen." Schillers Werke (Nationalausgabe) Bd. 20, Weimar 1962, 318.

Das zeigt sich vor allem in der Überspanntheit entsprechender Reformpläne. Ökologismus und Feminismus sind Beispiele dafür: Die erstgenannte Ideologie lebt von der Illusion eines friedvollen, ja harmonischen Verhältnisses des Menschen zur Natur und übersieht systematisch die Menschenfeindlichkeit der Natur und die Naturfeindlichkeit des Menschen, die es verhindern, dass es jemals den naturgerechten Menschen und die menschengerechte Natur geben wird.[2] – Die an zweiter Stelle genannte Ideologie verfällt einer irrationalistischen Überkompensation: Statt die „weibliche Welt" als andere und komplementäre Welt der männlichen hinzuzugesellen scheint sie häufig die männliche („rationale") Welt als gescheitert zu betrachten und durch die neue Welt, eine weibliche („emotionale") ersetzen zu wollen.

Solche (und ähnliche) Ideologien sind einerseits wenig hilfreich, andererseits sind sie zugleich ernstzunehmende Krisensymptome: In der Überspanntheit der Reformpläne drückt sich die Dringlichkeit der Reform aus. Wir brauchen keinen neuen Irrationalismus, wohl aber eine die Rationalität ergänzende Kultur der Gefühle, Phantasien und Utopien. Hier zeigt sich ein Defizit aufklärerischer Vernunftkultur: Technologische Naturbewältigung und ökonomische Lebensorganisation gehen nicht notwendig, aber doch faktisch zu Lasten einer Kultur der spielerischen Sehnsüchte der Menschen.

Aber es gibt noch ein grundsätzlicheres Problem: Aufklärung ist auch destruktiv; und für diese Destruktion hat sie bisher zu wenig Kompensationen geliefert. Aufklärung nimmt uns die „Große Geborgenheit" (unsere intellektuelle Beheimatung in den vermeintlichen Gewissheiten von religiösen und anderen weltanschaulichen Mythen und Vorurteilen); sie erzeugt so die Sehnsucht nach „kleinen Geborgenheiten"; es gelingt ihr aber nur sehr unzureichend, diese Sehnsucht auch zu befriedigen.

Der Sozialismus war vielleicht der (vorerst) letzte Versuch (außerhalb der Religionen), eine „große Geborgenheit" zu verwirklichen. Nach seinem Ende ist gerade dort, wo man ihn zu verwirklichen suchte, die Sehnsucht nach kleinen Geborgenheiten besonders groß. Hier erfüllt sich die Sehnsucht im Streben nach Realisierung kleiner politischer Einheiten, in romantisierendem Nationalismus, Vertrautheit suchendem Regionalismus und religiösem Fundamentalismus. Nach der „neuen Unübersichtlichkeit"[3] sehnt man sich nach (seltsamen) Formen von Übersichtlichkeit.

Dahinter steckt meiner Meinung nach das heimliche Leiden an den Zumutungen der Aufklärung. Aufklärung ist als Befreiung von Vorurteilen zugleich auch eine Zerstörung naiver Formen der Weltorientierung. Daher war das Verhältnis der Menschen zur Aufklärung immer ambivalent. Je mehr sie aber unter ihr zu leiden beginnen, umso mehr wächst die Neigung, diesen Preis für die Befreiung von Vorurteilen nicht mehr zahlen zu wollen; umso mehr wächst die Tendenz, die große Ungebor-

2 Vgl. hierzu den Beitrag im Abschnitt „Ökologische Skepsis" in diesem Band.
3 J. Habermas: Die Neue Unübersichtlichkeit. Frankfurt 1985.

genheit aufgeklärter Welt- und Menschendeutung durch die schnelle Befriedigung in den kleinen Geborgenheiten irrationaler Identifikations- und Orientierungshilfen zu ersetzen.

Im abschließenden dritten Teil meiner Überlegungen will ich daher einerseits diesen irrationalistischen Tendenzen entgegenwirken, zugleich aber auch die utilitaristisch-rationalistische Engführung des Projekts Aufklärung zu durchbrechen suchen, die zu den beschriebenen Aussteigbewegungen Anlass gegeben hat. Das Projekt Aufklärung soll also nicht aufgegeben, sondern reformiert werden. Diese Neugestaltung vollzieht sich unter dem Titel einer „Kultivierung der Vernunft". Der Ausgangspunkt dieser Kultivierung ist die Unterscheidung von Rationalität und Rationalismus.

3 Kultivierung der Vernunft

Auch die Aufklärung hat ihren Mythos. Dieser Mythos ist der Rationalismus. Er ist sorgfältig zu unterscheiden von der aufklärerischen Kultur der Rationalität selber, wird aber oft mit ihr verwechselt. Sein Vorurteilscharakter besteht darin, dass er den Menschen auf seine Rationalität zu reduzieren sucht. Demgegenüber werde ich für einen Naturalismus argumentieren, der Vernunft als ein brauchbares Orientierungsinstrument für menschliches Handeln interpretiert, ohne zugleich eine fundamentale oder gar natürliche Vernunfthaftigkeit des Menschen zu unterstellen.

Bevor ich mich diesen kritischen Teilen meiner Überlegungen zuwende, muss ich jedoch zunächst die Basis erläutern, von der aus ich meine Kritik formuliere. Diese Basis ist das Projekt der Aufklärung. Insofern erläutere ich zunächst deren Inhalt und dies heißt für mich: Ich verteidige die Notwendigkeit aufklärerischer Vernunft.

Zum Projekt der Aufklärung gehört die Vorstellung, dass Vernunft und Wissenschaft den intellektuellen und sozialen Fortschritt der Menschheit befördern. Wenn ich mich für die Realisierung dieses Projekts einsetze, so bedeutet dies also auch, dass ich der Vernunft und der Wissenschaft diese genannten Leistungen tatsächlich zuschreibe und ferner annehme, dass sie auch in Zukunft diese Leistungen weiter erbringen werden, wenn wir richtig mit ihnen umgehen.

Ich unterscheide zunächst drei verschiedene Rollen der Vernunft:

1. Die Vernunft ist eine Naturanlage des Menschen und insofern ein Teil seiner selbstverständlichen (spontanen) Welt- und Handlungsorientierung (spontaner Aspekt der Vernunft).
2. Die Vernunft ist auch ein Planungs- und Orientierungsinstrument; sie leitet unser bewusst organisiertes Handeln (pragmatischer Aspekt der Vernunft).
3. Die Vernunft ist schließlich auch ein Instrument der Selbstkritik; sie stellt unsere Vorurteile in Frage (philosophischer Aspekt der Vernunft).

Das anthropologische Problem ergibt sich daraus, dass der Wert dieser Vernunft auf allen Ebenen ambivalent ist. Ich nenne diesen Zustand das *Paradoxon der Vernunft*. Es kann wie folgt erläutert werden:

1. Als Naturanlage ist Vernunft nützlich, weil sie spontanes geordnetes Handeln erlaubt; zugleich aber ist sie problematisch, weil sie oft in Widerspruch gerät zu anderen Naturanlagen, etwa den Gefühlen, Phantasien und Utopien.
2. Als Orientierungsinstrument ist Vernunft nützlich, weil sie prognostisch orientiertes Handeln (Planung) erlaubt; als solche aber gefährdet sie zugleich unser Streben nach Freiheit und Spontaneität. Wir fühlen uns leicht durch die Vernunft verplant. (Das Unbehagen in der überorganisierten Massengesellschaft[4])
3. Als Instrument der Kritik ist Vernunft nützlich, weil sie uns von Vorurteilen (und den mit ihnen verbundenen Ängsten) befreit. Zugleich aber nimmt sie uns einen Teil unserer gewohnten Orientierung und erzeugt so neue Ängste ("Der Mensch als Orientierungswaise“[5])

Vernunft ist also anthropologisch zweideutig. Sie ist Geschenk und Belastung zugleich. Genau dies aber übersieht der Rationalismus. Unsere gegenwärtige Kulturkrise ist ein Ausdruck dieser übersehenen Janusköpfigkeit der aufklärerischen Vernunft: Wir hätten gerne die Positiva der Vernunft ohne zugleich auch die Negativa akzeptieren zu müssen. Wie es aber kein Glück gibt ohne Schmerz, so gibt es auch keine Sicherheit ohne Zweifel. Die Aufgabe der Philosophie, wie ich sie oben beschrieben habe, nämlich die Akzeptanz der Vernunft zu erneuern, kann also nicht darin bestehen, dass wir die Vernunft anthropologisch eindeutig zu machen versuchen. Dies hieße nur, eine neue Illusion, diesmal über die Vernunft selber zu entwickeln. Vielmehr muss es darum gehen, die Vernunft gerade in ihrer Zwiespältigkeit akzeptabel zu machen. Dies erfordert den Nachweis ihrer Unvermeidlichkeit und ihrer Fruchtbarkeit; darüber hinaus aber erfordert es auch ihre Kultivierung.

Einen solchen Nachweis werde ich im Folgenden versuchen. Der Ausgangspunkt meiner Überlegungen ist der folgende Grundsatz:

Gerade weil der Mensch nicht von Natur aus rational ist, bedarf es einer Entwicklung aufklärerischer Rationalität. Wegen deren Janusköpfigkeit bedarf die Vernunft ihrerseits aber der „Domestizierung“. Das heißt: Die hier vorgeschlagene Kultivierung der Vernunft ist Förderung ihrer Entwicklung und Kontrolle ihres Einflusses zugleich: Die Vernunft darf nicht die Lebensfähigkeit der außerrationalen Elemente der Natur des Menschen gefährden.

Beschreibt man meine Konzeption von Rationalität unter Bezugnahme auf Kants drei berühmte Fragen: „Was kann ich wissen?“, „Was soll ich tun?“, Was darf ich

---

[4] Vgl. hierzu auch die Überlegungen von S. Freud in „Das Unbehagen in der Kultur“ im gleichnamigen Band, Frankfurt 1994, 29ff.

[5] Vgl. hierzu: H. Lübbe u. a.: Der Mensch als Orientierungswaise? Freiburg 1982

hoffen?", so lässt sie sich wie folgt als Negation dreier anthropologischer Mythen des klassischen Rationalismus kennzeichnen:

1. Nicht (wie der Rationalismus annimmt) die Vernunft, sondern die Sinnlichkeit leitet das Erkennen. Daher ist Erfahrung wichtiger als philosophische Spekulation.
2. Nicht (wie der Rationalismus annimmt) die Vernunft, sondern Affekte leiten das Handeln. Daher ist im Handeln nicht nur auf rationale (etwa utilitaristische) Prinzipien Rücksicht zu nehmen, sondern auch auf die affektiven Elemente der menschlichen Natur.
3. Nicht (wie der Rationalismus annimmt) die Vernunft, sondern religiöse oder weltanschauliche Vorstellungen leiten die Sinnsuche des Menschen. Daher muss eine Kultur der Rationalität Raum lassen für solche spekulativen Bedürfnisse der Menschen.

Eine Kultur aufklärerischer Vernunft ist nicht etwa deswegen notwendig, weil der Mensch – wie der Rationalismus fälschlicherweise annimmt – von Natur aus vernunftbestimmt ist, sondern im Gegenteil, gerade deswegen, weil er seine affektorientierten Handlungstendenzen nur durch eine Kultur der Vernunft kontrollieren und fruchtbar machen kann. Ersetzt man das falsche rationalistische Menschenbild der Frühaufklärung unter Verzicht auf eine solche Idealisierung durch ein naturalistisches Menschenbild, so ergibt sich etwa die folgende Sicht der Dinge:

Der Mensch ist von Natur aus ein handelndes Wesen. Die Vernunft ist ein brauchbares Mittel, ihn in seinem Handeln zu orientieren. Oft aber treten Widersprüche auf zwischen den Vernunftansprüchen und den Forderungen von Emotionen oder Sehnsüchten, die sich z. B. aus Weltanschauungen und Utopien ergeben. Die Kultur der Rationalität besteht angesichts dieser innermenschlichen Konkurrenz gegensätzlicher Strebungen nicht darin, die nicht-rationalen Elemente wegzuinterpretieren oder zu unterdrücken, sondern sie einer rationalen Bewertung zu unterziehen. Das Kriterium der Bewertung ist dabei pragmatisch. Es ist zu fragen, ob es in gegebenen Situationen die Verwirklichung meiner Handlungsziele eher fördert, meinen Emotionen, meinen Sehnsüchten oder eben den Argumenten meiner Vernunft zu folgen. Die Vernunft hat der Verwirklichung meines Glücks zu dienen; sie ist für den Pragmatiker – im Gegensatz zum Rationalisten – kein Wert an sich selbst. In Bezug auf die Realisierung der Werte hat sie vielmehr bloß instrumentellen Charakter.

Was aber heißt im Sinne eines so verstandenen Pragmatismus: Vernunft kultivieren. Meiner Überzeugung nach gehören die folgenden Elemente zu allen Formen pragmatischer, d.h. handlungsorientierender Rationalität:

1. Der Verzicht auf Vorurteile, also eine prinzipielle Bereitschaft, über alle Annahmen, auch über grundsätzliche, offen zu diskutieren.
2. Die Orientierung des Handelns an den Grundsätzen, die sich in der Diskussion als die besser begründeten erwiesen haben.

3. Mit der Fehlerhaftigkeit (Fallibilität) all unserer Entscheidungen, auch der Entscheidungen der Vernunft, zu rechnen.
4. Die Bereitschaft, aus eigenen und auch aus fremden Fehlern zu lernen.
5. Eine intellektuelle Redlichkeit in dem Sinne, dass man nicht rational zu handeln vorgibt, während man doch unkontrollierten Affekten oder Vorurteilen folgt.

All diese Forderungen verwirklichen sich nicht von selbst. Die Geschichte lehrt nicht, dass die Vernunft und das bessere System sich mit naturhafter Notwendigkeit durchsetzen. Nicht einmal in diesem Sinne ist unsere Welt das Paradies. Paradiesisch ist sie allein in dem Sinne, dass sie uns Aufgaben stellt, die wir bewältigen können, wenn wir nicht vor den Herausforderungen der großen Ungeborgenheit in die kleinen Geborgenheiten fliehen.

Für den Naturalismus ist das Paradies nicht das Versprechen der Geschichte, uns zur besten aller möglichen Welten zu führen; oder gar ihr Hinweis, dass wir diese schon erreicht haben. Es besteht allein darin, dass wir die Chance haben, in freiem Handeln und in rationaler Begründbarkeit dieses Handelns unsere Würde als Menschen zu verwirklichen.

Sprachtheoretische Skepsis

Vom Schweigen und Sprechen der Philosophen. Überlegungen im Anschluss an Ludwig Wittgenstein.

Der Titel dieser Überlegungen spielt auf den viel zitierten Satz an: „Wovon man nicht sprechen kann, darüber muss man schweigen". Dieser Satz ist einer philosophischen Schrift entnommen, die auf die Philosophie des 20. Jahrhunderts einen erheblichen Einfluss ausgeübt hat: Ludwig Wittgensteins *Logisch-philosophische Abhandlung* (*Tractatus logico-philosophicus*) aus dem Jahre 1921[1]. In seiner zitierten Form ist der Satz der Schluss des Werkes (7); er erscheint aber in leicht modifizierter Form auch in der Einleitung der Schrift. Ich will im Folgenden einige Bemerkungen zu meinem Verständnis dieses Satzes machen und dabei vor allem über meine eigene Auffassung vom Verhältnis von Philosophie und Skepsis sprechen; weniger Gewicht hat dagegen die Ausdeutung dieses Satzes im Lichte der Philosophie Wittgensteins. Meine prinzipielle Einschätzung des Satzes lässt sich in der folgenden These zusammenfassen: Mit dieser Formulierung gibt Wittgenstein einer traditionellen philosophischen Grundorientierung, nämlich der skeptischen Philosophie, eine dezidiert *sprach*kritische Wendung, die die Metaphysikkritik der klassischen skeptischen Philosophie ganz entscheidend verschärft. Dieser sprachkritische Impuls hat die Philosophie von vielen falschen Problemformulierungen befreit und auch zahlreiche klassische Problemlösungen als Scheinlösungen entlarvt. Das ist der positive Aspekt der sprachkritischen Wendung skeptischer Philosophie. Zugleich aber muss man feststellen, dass das Mittel der Sprachkritik die Gefahr in sich birgt, auch echte philosophische Fragen zu liquidieren, indem die Rolle der Sprachkritik im Verhältnis zur Philosophie falsch eingeschätzt wird.

Ich sehe in dem Satz das zentrale Motiv der hier so genannten „modernen" Philosophie und möchte zunächst zeigen, dass sich in dieser Auffassung Philosophie in Sprachkritik auflöst. Anschließend werde ich einiges über Leistung und Grenzen der Sprachkritik sagen, um dann zu zeigen, dass die klassische (kritische) Philosophie als ihr zentrales Motiv einen Satz hat, der geradezu eine Umkehrung dieses Wittgenstein-

[1] L. Wittgenstein: „Tractatus logico-philosophicus", Werkausgabe Bd. 1, 7-85. Im Folgenden zitiert nach Wittgenstein eigener numerischer Reihung.

schen Satzes ist. Zum Schluss weise ich dann noch darauf hin, dass man Wittgenstein auch ganz anders, nämlich als kritischen Sprachkritiker, verstehen kann.

1 „Moderne" Philosophie als Sprachkritik – oder: Die Kunst des Schweigens

Wittgensteins Satz wendet sich ganz offensichtlich gegen einen bestimmten Typus traditionellen philosophischen Denkens und Sprechens. Ich will diesem kritisierten philosophischen Denken den Namen „spekulative Philosophie" geben, um damit auszudrücken, dass hier die Grenzen sprachlicher Kontrolle überschritten werden. In der zitierten Form aber lädt der Satz selber zu der Kritik ein, bei seiner Formulierung habe es an sprachlicher Kontrolle gefehlt; denn der Satz ist zweideutig. Man kann in ihm zum Beispiel eine Platitude sehen, logisch ausgedrückt: eine analytische Wahrheit. Wenn man über etwas nicht sprechen kann, dann muss man gerade deshalb darüber schweigen, weil man eben nicht darüber sprechen kann. Die beiden Teilsätze drücken dann keinen logischen Zusammenhang zwischen zwei verschiedenen Gedanken, etwa einer Feststellung und einer Aufforderung, aus, sondern sie sagen beide auf verschiedene Weise genau das gleiche: Es gibt Themen, über die man nicht sprechen kann. So formuliert wirkt der Satz nicht sonderlich glaubwürdig; denn man kann doch ganz offensichtlich über alles sprechen. Was sich überhaupt vorstellen und empfinden lässt, kann doch sicherlich auch sprachlich behandelt werden. Was sich aber nicht vorstellen lässt, das entzieht sich so grundsätzlich aller Formulierung, dass man nicht erst feststellen muss, darüber müsse man schweigen.

Mit diesen Bemerkungen habe ich schon Sprachkritik betrieben, allerdings eine Sprachkritik in einem schlechten Sinne, nämlich eine solche, der es mehr um die Wahrnehmung einer Chance zur Kritik geht als um die Klärung des behandelten Sachverhalts. Selbstverständlich will Wittgenstein nämlich nicht sagen, es gebe Sachverhalte, über die man überhaupt nicht sprechen kann, vielmehr geht es ihm darum, ein bestimmtes Sprechen über die traditionellen Themen der Philosophie zu kritisieren. Dies wird deutlich durch den Zusammenhang, in welchem der zitierte Satz in der Einleitung des *Traktats* steht. Dort heißt es nämlich:

> „Was sich überhaupt sagen lässt, lässt sich klar sagen; und wovon man nicht reden kann, darüber muß man schweigen." (7)

Es geht Wittgenstein also offensichtlich um die Kritik unklarer Sprache und um die Forderung, die Philosophen möchten sich bitte einer klaren Sprache bedienen. Diese Aufforderung aber ist so formuliert, wie sie formuliert ist, weil noch etwas mehr gesagt werden soll als: Wahrheit erreicht man nur durch Klarheit. Zugleich soll auch gesagt werden, über bestimmte traditionelle Themen der Philosophie lässt sich nicht klar sprechen, weil die Gesetze der Sprache das verhindern. Dies ist der entscheidende kritische Impuls der Philosophie Wittgensteins: Kritik bedeutet hier –

wie schon bei Kant – Beschränkung der Erkenntnisansprüche: Wir sind, auch als Philosophen, Gefangene der Sprache und können nur das mit Aussicht auf Erfolg behandeln, was in klarer Sprache zu besprechen ist.

Soweit wirkt Wittgensteins Kritik nicht besonders gefährlich. Vielmehr scheint es ein Gebot der Vernunft und ganz sicherlich keine Zumutung für die Philosophie, wenn sie aufgefordert wird, sich auf die beschriebene Weise zu bescheiden. Dieser Anschein möglicher Harmonie zwischen Sprachkritik und bestimmten kritisierten Formen traditioneller Philosophie beruht aber ganz auf der Tatsache, dass der entscheidende Begriff der Wittgensteinschen Forderung noch nicht definiert wurde: Solange noch nicht festgelegt ist, was es denn heißen soll, dass man *klar* sprechen muss, solange kann ja jeder auf Grund seines je eigenen Verständnisses von Klarheit behaupten, seine Philosophie sei nun wirklich klar und Unverständnis ihres Inhalts beruhe gänzlich auf mangelnden Fähigkeiten der Hörer und Leser. Hier liegt ein großes Problem aller sprachkritischen Philosophie. Doch will ich darauf erst später näher eingehen.

Die Provokation der Philosophie durch Wittgenstein liegt auch zunächst gar nicht in seiner Forderung nach sprachkritischer Reinigung der Philosophie, sondern darin, dass er beansprucht, alle wesentlichen Grundlagenfragen der Philosophie in dem nicht einmal hundert gedruckte Seiten starken *Traktat* abschließend beantwortet zu haben. Zwar räumt er die Möglichkeit ein, dass sein sprachlicher Ausdruck noch nicht perfekt ist. Nach dieser Einschränkung aber beschließt er die „Einleitung" des *Traktats* mit einem Paukenschlag:

> „Dagegen scheint mir die *Wahrheit* der hier mitgeteilten Gedanken unantastbar und definitiv. Ich bin also der Meinung, die Probleme im Wesentlichen endgültig gelöst zu haben. Und wenn ich mich hierin nicht irre, so besteht nun der Wert dieser Arbeit zweitens darin, daß sie zeigt, wie wenig damit getan ist, daß die Probleme gelöst sind."[2]

Das ist nun weit mehr als bloß die Feststellung, die Philosophie brauche Sprachkritik. Obwohl auch diese Passage nicht ganz unmissverständlich ist, scheint mir doch folgendes offensichtlich zu sein: Wittgenstein will den Eindruck erwecken, dass die ehrwürdige Tradition der philosophischen Bemühungen im Wesentlichen eine durch das Fehlen von Sprachkritik bedingte Tradition sinnloser intellektueller Beschäftigung ist. Das zeigt sich darin, dass er selbst, indem er Sprachkritik betreibt, alle Probleme im Wesentlichen in einem Atemzug löst. Doch damit nicht genug! Ein wesentliches Ergebnis dieser Blitzlösung aller philosophischen Grundlagenfragen ist die ernüchternde Einsicht, dass mit der endgültigen Lösung der philosophischen Probleme nicht viel gewonnen ist. Deutlicher ist die Feststellung kaum zu formulieren, dass es Zeit wird, Philosophie aufzugeben.

---

2 A. a. O. Vorwort, 10.

Was sich zunächst anhörte wie die freundliche Empfehlung, etwas Sprachkritik zu betreiben und auf einige klassische Themen der Philosophie zu verzichten, weil sie nicht in klarer Sprache zu behandeln seien, entpuppt sich schon bald als die sprachkritische Liquidation der Philosophie als ganzer. Wittgenstein formuliert daher auch ganz konsequent in der vierten Hauptthese des *Traktats*:

„Alle Philosophie ist ‚Sprachkritik'". (4.0031)

Das Ende der Philosophie ist also der Anfang der Sprachkritik und dies zeigt, dass die traditionelle Philosophie im Wesentlichen sinnlos ist. Nun hat Wittgenstein ja nicht behauptet, über die Philosophie und ihren Sinn könne man nicht klar sprechen, daher brauche ich also auch hierzu nicht zu schweigen.

2 Die Chancen der Sprachkritik

Es ist wohl eine zumindest allen Philosophen vertraute Erfahrung, dass man bei manchen Erörterungen komplizierter Prinzipienfragen unsicher wird, ob die Diskussion besonders tiefsinnig ist, weil sie eine Ebene von Nachdenklichkeit erreicht, die weit von alltäglicher Oberflächlichkeit entfernt ist, oder aber unsinnig, weil hier Worte und Satzteile sich irgendwie verselbständigen und ein schillerndes Eigenleben auf Kosten des Bezugs zur Wirklichkeit entfalten. Wittgenstein spielt auf solche Erfahrungen an, wenn er im vierten Teil des *Traktats* unter dem Generaltitel „Der Gedanke ist der sinnvolle Satz"(4) schreibt:

„Die meisten Sätze und Fragen, welche über philosophische Dinge geschrieben worden sind, sind nicht falsch, sondern unsinnig. Wir können daher Fragen dieser Art überhaupt nicht beantworten, sondern nur ihre Unsinnigkeit feststellen. Die meisten Fragen und Sätze der Philosophen beruhen darauf, daß wir unsere Sprachlogik nicht verstehen. (…) Und es ist nicht verwunderlich, daß die tiefsten Probleme eigentlich *keine* Probleme sind." (4.003)

Wittgenstein ist auch hier nicht gerade präzise in seiner Generalkritik der Philosophie und man kann diese Unbestimmtheit seiner Einschätzung der Unsinnigkeit philosophischer Texte zum Anlass nehmen, den positiven Impuls nicht aufzunehmen, der in dieser Kritik steckt. Das wäre aber wieder ein Beispiel für Kritik im schlechten Sinne.

Wittgenstein wird sicherlich nicht den statistischen Beweis dafür antreten können, dass tatsächlich die *meisten* philosophischen Fragen und Sätze unsinnig sind. Das ist schon deswegen unmöglich, weil die Menge dieser Sätze viel zu groß ist, um sie auch nur zu überschauen, geschweige denn, um sie zu werten. Doch liegt der Wert der Philosophiekritik Wittgensteins auch nicht in solcher statistischen Wahrheit, sondern darin, dass in ihr eine Warnung formuliert ist, die sich auf das Wesen philosophischen Denkens bezieht: Die Philosophie ist keine experimentelle, ja nicht einmal eine empirische Wissenschaft, und dennoch beansprucht sie Wahrheit für ihre Sätze und Sinn für ihre Fragen. Diese Ansprüche bedürfen der Begründung; d. h. der

Sinn philosophischer Fragen und die Wahrheit philosophischer Sätze müssen eigens erwiesen werden. Die besondere Schwierigkeit der Philosophie im Vergleich zu den anderen Wissenschaften bei der Führung eines solchen Nachweises liegt nun darin, dass der Philosoph nicht auf experimentelle oder empirische Wirklichkeit verweisen kann. Generell gesprochen ist Philosophie Reflexion. Der Sinn ihrer Fragen und die Wahrheit ihrer Antworten kann daher nicht durch die äußere Wirklichkeit kontrolliert und garantiert werden. Sie sind vielmehr Funktionen der Selbsterkenntnis. Deren Sinn und Wahrheit aber müssen auch durch eine bestimmte Instanz kontrolliert und garantiert werden. Seit der Aufklärung ist der generelle Titel dieser Instanz: Rationalität oder Vernunft. Wittgensteins Interpretation dieser Vernunft geht nun dahin, die Aufgabe der Vernunft als Kontrolle der Sprachverwendung zu sehen. Wesentliches Thema der Vernunft ist daher für ihn die Logik der in der Philosophie verwendeten bzw. zu verwendenden Sprache.

Mir scheint nun, dass dieses Verständnis von Vernunft als Sprachkritik deshalb sinnvoll ist, weil es sich auf die besondere Problemlage der Philosophie bezieht. Sinn und Wahrheit werden in der Technik durch das Funktionieren der Produkte kontrolliert und garantiert; bei den experimentellen und den empirischen Wissenschaften leistet dies die experimentelle bzw. die empirische Wirklichkeit; bei der nichtempirischen Wissenschaft Philosophie aber muss die Reflexion sich selbst kontrollieren. Traditionellerweise würde man zwar sagen: Diese Kontrolle leistet die Logik. Doch zeigt sich bei kurzem Nachdenken bald, dass sich die Logik, wie Wittgenstein sie hier versteht, kaum anders verstehen lässt denn als ein System von Regeln, die die sinnvolle Verwendung von Sätzen leiten (müssen). (Damit aber haben wir Wittgensteins Ausdruck Sprachlogik bereits erreicht, wenngleich wir seinen vollen Sinn noch nicht erschöpft haben.)

Ich will also den zitierten Text Wittgensteins im Sinne einer durch den besonderen Status der Philosophie als Wissenschaft begründeten Warnung verstehen: Die philosophische Reflexion bedarf der Selbstkontrolle. Diese muss die Form von Sprachkritik annehmen. Wenn diese Sprachkritik fehlt, ist die Philosophie in sehr ernster Gefahr, unsinnige Sätze zu produzieren und sie als tiefsinnig auszugeben.

Was nun Wittgensteins historische Behauptung über den Anteil unsinniger Sätze im überlieferten philosophischen Schrifttum betrifft, so scheint mir diese Annahme aus zwei Gründen unüberprüfbar zu sein. Einerseits wegen der bereits erwähnten unüberschaubaren Fülle dieses Schrifttums, andererseits aber wegen des problematischen Charakters des Ausdrucks „unsinnig". Darüber kann ich also nicht reden, deshalb werde ich darüber schweigen. Dieses Schweigen darf sich allerdings nur auf den historischen Aspekt der Frage beziehen, nicht aber auf die systematische Frage nach der Bedeutung des Satzes, ein philosophischer Satz sei unsinnig.

Diese Wertung nämlich ist das Messer, mit dem die Sprachkritik sehr viele (nach Wittgenstein eigentlich alle) großen Teile aus dem Kuchen herausschneidet, von dem die Philosophen seit Jahrhunderten essen, ohne dass er kleiner wird. Man wird also fragen dürfen, wie das Messer aussieht und ob es mit Recht verwendet wird.

Was also ist nach Wittgenstein der Sinn des Satzes: *Dieser (philosophische) Satz ist unsinnig?*

Wittgenstein gibt auf diese Frage im *Traktat*, soweit ich sehen kann, keine (befriedigende) Antwort. Was er zu meinen scheint, lässt sich aber aus mancherlei anderen Behauptungen etwa wie folgt rekonstruieren:

Unsinnig ist jeder Satz, der unverständlich und jede Frage, die unbeantwortbar ist. Unverständlich ist ein Satz, der unklare Begriffe enthält oder eine unklare Beziehung zwischen den in ihm verwendeten Begriffen aufweist. Unbeanwortbar ist jede Frage, die nicht auf einen in der Wirklichkeit bestehenden Sachverhalt abzielt.

Man kann leicht sehen, dass auch diese Interpretation das anstehende Problem nicht löst, sondern es vielmehr nur verschiebt. Denn die Kennzeichnung von Begriffen und Begriffsbeziehungen als klar oder unklar ist keine absolute, sondern eine relative Kennzeichnung. Klarheit im Sinne von Verständlichkeit ist eine abhängige Größe. Sie ergibt sich aus der Einordnung der Begriffe in ein System von Definitionen. Nur dann, wenn ein eindeutig bestimmtes System solcher Definitionen vorläge und nur eines, wäre die Frage nach dem Sinn eines Satzes daher auch eindeutig zu beantworten.

Fasst man dagegen die verschiedenen philosophischen Systeme und Werke als in sich geschlossene Gebilde mit einer je eigenen Definitionssystematik auf, so ist die notwendige Konsequenz diejenige, dass innerhalb der verschiedenen Systeme Verschiedenes als verständlich eingestuft werden kann – und zwar mit Recht.

Dann aber bleibt von Wittgensteins Vorwurf gegen die überlieferte Philosophie nicht mehr viel übrig, es sei denn, er könnte die Frage beantworten, aus welchem Grunde die überlieferten Werke und Systeme keine solche eigenständige Definitionssystematik enthalten oder enthalten können. Mir scheint nun, hierüber müsse Wittgenstein aus dem genannten Grund schweigen – und das tut er dann auch.

Man wird also nicht sagen können, Wittgensteins *Traktat* liefere einen Nachweis für die Notwendigkeit, die Philosophie aufzugeben bzw. sie auf Sprachkritik zu reduzieren. Ebenso wenig wird man davon ausgehen können, es sei nachgewiesen worden, dass die Geschichte der Philosophie eine Geschichte der Beantwortung sinnloser Fragen durch unsinnige Sätze sei. Das einzige positive Resultat der von uns behandelten Thesen des *Traktats* scheint mir die Aufnahme der Warnung zu sein, dass die Philosophie in dauernder Gefahr ist, unsinnige Fragen und Sätze zu produzieren, wenn sie nicht sprachkritisch verfährt. Aber selbst dies bedarf noch einer Erläuterung, die sich im *Traktat* nicht findet: Sie betrifft das anzustrebende Verhältnis von Philosophie und Sprachkritik.

3 Die Grenzen der Sprachkritik

Es ist natürlich kein Zufall, dass der *Traktat* keine Bestimmung des Verhältnisses von Philosophie und Sprachkritik gibt. Nach Wittgenstein gibt es ein solches Verhältnis gar nicht, weil Philosophie und Sprachkritik nur zwei Namen für die gleiche Sache sind: „Alle Philosophie ist ‚Sprachkritik'" (4.0031). Das bedeutet:

> „Der Zweck der Philosophie ist die logische Klärung der Gedanken. – Die Philosophie ist keine Lehre, sondern eine Tätigkeit. – Ein philosophisches Werk besteht wesentlich aus Erläuterungen. – Das Resultat der Philosophie sind nicht ‚philosophische Sätze', sondern das Klarwerden von Sätzen. – Die Philosophie soll die Gedanken, die sonst, gleichsam, trübe und verschwommen sind, klar machen und scharf abgrenzen." (4.112)

Philosophie wäre dann quasi eine Sekundärwissenschaft. Sie kontrolliert die Sätze der eigentlichen Wissenschaften durch logische Analyse und Sprachkritik. So macht sie diese Sätze klar und deutlich. Dagegen formuliert sie selber keine Sätze über Sachverhalte. Sie lehrt nichts, sondern sagt nur etwas über den Sinn von Sätzen, die die Wissenschaften, namentlich die Naturwissenschaften, formulieren. Ihr Ort ist, wie Wittgenstein im gleichen Zusammenhang sagt, über oder unter den Naturwissenschaften, aber nicht neben ihnen (vgl. 4.111). Sie hat keinen eigenen Aufgabenbereich, sie ist auf Sprachkritik reduziert.

Dieses Bild der Philosophie ist ebenso erstaunlich wie unbegründet. Es wäre nur dadurch zu begründen, dass die klassischen Fragen der Philosophie – von Kant zusammengefasst in den Zentralfragen „Was kann ich wissen? Was soll ich tun? Was darf ich hoffen?" – entweder als unsinnig erwiesen oder als Thema anderer Wissenschaften aufgefasst würden. Weder das eine noch das andere aber geschieht im *Traktat*. Letzteres erscheint schon deshalb als unmöglich, weil Wittgenstein unter Wissenschaft vor allem die Naturwissenschaften zu verstehen scheint, und dort haben diese Fragen sicherlich keinen Platz. Die durch diese Fragen markierte Reflexionswissenschaft Philosophie ist daher auch nach dem *Traktat* nicht nur faktisch noch lebendig – sie ist dies vielmehr auch zu Recht. Denn Sprachkritik kann bei der Formulierung dieser Fragen und ihrer Ableitungen sowie auch bei deren Beantwortung helfen, aber sie kann diese Fragen nicht ersetzen und auch nicht beantworten. Philosophie ist nicht reduzierbar auf Logik und auch nicht auf Grammatik. Sie steht in einem komplizierteren Verhältnis zu den Wissenschaften als Wittgenstein das annimmt und auch in einem anderen Verhältnis zur Sprachkritik als dem der Identität.

Über das richtig verstandene Verhältnis von Philosophie und Sprachkritik will ich noch einige Anmerkungen machen.

Im Zuge des wesentlich von Wittgenstein inspirierten „linguistic turn" der Philosophie, also der sprachkritischen Wendung der (skeptischen) Philosophie hat sich unter zeitgenössischen Philosophen die Gewohnheit herausgebildet, nicht mehr über Sachverhalte, sondern nur noch über die Bedeutung von Sätzen und Wörtern zu sprechen und zu schreiben. Man ersetzt hier ganz im Sinne Wittgensteins Philosophie durch Sprachkritik.

Wer nun dieses Vorgehen dadurch zu verteidigen sucht, dass er behauptet, die Philosophie befinde sich in einem so jammervollen Zustand, dass man zunächst gar nichts mehr über philosophische Inhalte sagen könne, sondern erst einmal ausschließlich alle Kraft darauf konzentrieren müsse, die Sprache der Philosophie zu reinigen, der befindet sich ebenfalls in einem durch Wittgenstein inspirierten Irrtum. Denn erstens gibt es nicht *die* Sprache der Philosophie, sondern vielmehr die verschiedenen Sprachen der unterschiedlichen philosophischen Systeme und Werke, und zweitens ist die Aufgabe der Philosophie die Beantwortung der philosophischen Fragen, und diese darf nicht hinter die Erfüllung einer im Prinzip unabschließbaren Aufgabe der Sprachkritik der verschiedenen Philosophien vertagt werden.

Ähnlich liegt der weit verbreitete Irrtum dort, wo man Sprachkritik als Propädeutik der Philosophie auffasst: erst einmal Sprachkritik, dann Philosophie. Diese Formel birgt die Gefahr in sich, dass man ein an anderen Wissenschaften orientiertes Sprachideal entwickelt, um es dann auf die Philosophie zu übertragen. Das Resultat dürfte in der Regel dasjenige sein, dass man philosophische Fragen dann wie Wittgenstein als unsinnig und/oder unbeantwortbar einstuft.

Man kann diese Kritik an Wittgenstein und an dem von ihm inspirierten „linguistic turn“ der Philosophie auch so formulieren: Ganz zu Recht weisen die zeitgenössischen Philosophen mehr als ihre Vorgänger auf die philosophische Bedeutung der Frage hin: „Wie soll ich sprechen?“. Diese Frage wäre zu den in Kants Formulierung zitierten klassischen Fragen der Philosophie vielleicht hinzu zu fügen. Leider aber scheinen zahlreiche Vertreter des „linguistic turn“ die Bedeutung dieser Frage für die Philosophie so zu verstehen, dass sie die einzige echte philosophische Frage sei oder aber zumindest die erste Frage der Philosophie. Beide Einschätzungen halte ich für falsch.

Die einzige Frage der Philosophie ist sie schon deshalb nicht, weil sich Philosophie, wie ich eben behauptete, nicht auf Sprachkritik reduzieren lässt bzw. diese Reduktion bisher nicht als notwendig erwiesen wurde. Die erste Frage ist sie nicht, wenn man Wittgenstein selber ernst nimmt. Wäre „Wie soll ich sprechen?“ die erste Frage der Philosophie, so wäre diese Frage unsinnig; denn man könnte sie nicht beantworten. Wie ich sprechen soll, hängt davon ab, worüber ich sprechen will und welchen Geltungsanspruch ich meinen Sätzen zu geben beabsichtige. Mit anderen Worten: Ich muss schon wissen, welche Fragen ich als Philosoph beantworten will und wie mein Wahrheitsanspruch definiert ist, bevor ich sinnvoll festlegen kann, wie ich sprechen soll. Dies heißt meines Erachtens auch: Nur wer schon sehr viel von Philosophie versteht, kann sich sinnvoller Weise mit sprachkritischen Fragen in Bezug auf die Philosophie befassen. Daher ist Sprachkritik als Vorschule (Propädeutik) der Philosophie ungeeignet.

4 „Klassische" Philosophie als Wagnis des Denkens – oder: Die Kunst des Sprechens

Ich habe gegen Wittgensteins Reduktion der Philosophie auf Sprachkritik geltend gemacht, er habe nicht gezeigt, dass die in der Kantischen Formulierung zitierten Probleme der klassischen Philosophie unsinnige Fragen darstellten. Andererseits aber lässt sich gegen eben diese Fragen die kritische Bemerkung formulieren, das Andauern der Beschäftigung der Philosophen mit diesen Fragen über viele Jahrhunderte könne wohl sinnvoll als Anzeichen (wenn vielleicht auch nicht als Beweis) dafür gedeutet werden, dass diese Fragen tatsächlich unbeantwortbar sind und deshalb im Sinn Wittgensteins als unsinnig eingestuft werden müssen.

Das Erstaunliche in der Geschichte der Philosophie ist nun gerade die Tatsache, dass die Philosophen sehr genau wissen, wie vorläufig und irrig ihre Antworten auf diese Fragen immer gewesen sind und vermutlich auch immer sein werden, dass sie daraus aber keineswegs die Konsequenz ziehen, zu diesen Fragen zu schweigen.

Der Grund für das fortwährende Sprechen der Philosophen scheint mir nun gerade darin zu liegen, dass die klassische Philosophie als ihr zentrales Motiv einen Satz hat, der sich aus einer Umkehrung des eingangs zitierten Wittgensteinschen Satzes ergibt. Er lautet: „Wovon man nicht schweigen kann, darüber muss man sprechen." Mir ist zwar nicht bekannt, dass dieser Satz jemals innerhalb der Philosophiegeschichte als Selbstrechtfertigung der klassischen Philosophie verwendet worden ist, aber ich bin sicher, dass mit anderen Worten Ähnliches zur Selbstrechtfertigung der Philosophie schon sehr oft gesagt worden ist. Stellvertretend zitiere ich noch einmal Kant:

> „Die menschliche Vernunft hat das besondere Schicksal in einer Gattung ihrer Erkenntnisse: daß sie durch Fragen belästigt wird, die sie nicht abweisen kann; denn sie sind ihr durch die Natur der Vernunft selbst aufgegeben, die sie aber auch nicht beantworten kann; denn sie übersteigen alles Vermögen der menschlichen Vernunft." (KrV, A VII)

Der Zwiespalt der Vernunft, auf den Kant in dieser Passage hinweist, besteht darin, dass sie Fragen stellt, die sie selber nicht beantworten kann. Offensichtlich hat Kant diese Fragen aber nicht deswegen schon als unsinnig aufgefasst und dazu aufgerufen, über sie zu schweigen. Vielmehr stuft er diese Probleme – die metaphysischen Fragen z.B. nach Ursprung und Ziel der Welt, nach Freiheit und Notwendigkeit, nach Tod und Unsterblichkeit – ausdrücklich als nicht abweisbar ein. Sie sind dies, weil sie trotz der unüberwindlichen Vorläufigkeit bei ihrer jeweiligen Beantwortung faktisch so oder so beantwortet werden (müssen), wenn der Mensch sich im Leben orientieren will und er seinem Denken und Handeln Ziel und Richtung geben möchte.

Der Zwang zur Antwort auf solche Fragen steht nun tatsächlich in einem spannungsvollen Verhältnis zu der Einsicht, dass eine wissenschaftlich verbindliche und also endgültige Antwort auf diese Fragen der Vernunft des Menschen unmöglich ist.

In der Auseinandersetzung mit solchen Problemen wird die Vernunft nach Kant notwendig dialektisch – was immerhin zweierlei heißen kann: Entweder bedeutet es: Die Vernunft verwickelt sich (in metaphysischen Zusammenhängen) notwendig in Widersprüche und Paradoxien – oder es bedeutet: Sie wird zur Redekunst, zur Kunst des Argumentierens über empirisch unentscheidbare Fragen. Ich denke, Kants Ton liegt auf der negativen Bedeutung von „Dialektik". Dennoch gibt er den Ideen der Vernunft, die ja Formulierungen der metaphysischen Fragen sind, die systematisch wichtige Funktion von Schlusssteinen im Erkenntnisgebäude.

Diese Fragen sind ihm also einerseits sehr wichtig, andererseits aber wegen der eingesehenen Nicht-Beantwortbarkeit auch lästig – zugleich aber bestimmen sie das „besondere Schicksal der menschlichen Vernunft". Weil sie nämlich Probleme formulieren, die nicht ungelöst bleiben dürfen – wie vorläufig eine solche Lösung auch immer sein mag – deshalb verweist er diese Fragen nicht schlicht ins Reich des bloß Spekulativen: Worüber man nicht schweigen kann, darüber muss man reden – trotz aller erkenntnistheoretischen und auch aller sprachkritischen Bedenken.

Überaschenderweise lassen sich die anfänglich strikt positivistisch gedeuteten Sätze Wittgensteins vor dem Hintergrund dieser Zusammenhänge auch noch anders deuten. Ich tue dies ausdrücklich mit aller Vorsicht – und in aller Vorläufigkeit: Der Kontext, in welchem der zitierte Satz über die Notwendigkeit des Schweigens im Schlussteil des *Traktats* steht, erlaubt es m. E. Wittgenstein so zu verstehen, als habe er mit seiner Schrift nicht nur die Bedeutung, sondern auch die Grenzen der Sprachkritik zeigen wollen. Dort heißt es nämlich: Die richtige Methode, Philosophie zu treiben, wäre, nach den Lehren des *Traktats*, diejenige, etwas ganz anderes, nämlich Naturwissenschaft zu treiben. Dieses Ergebnis ist natürlich eine Paradoxie. Wittgenstein löst sie auf, indem er die erkenntnistheoretische Bedeutung des *Traktats* als Selbstüberwindung der dort formulierten Lehren einstuft:

> „Meine Sätze erläutern dadurch, daß sie der, welcher mich versteht, am Ende als unsinnig erkennt, wenn er durch sie – auf ihnen – über sie hinausgestiegen ist. (Er muß sozusagen die Leiter wegwerfen, nachdem er auf ihr hinaufgestiegen ist.) – Er muß diese Sätze überwinden, dann sieht er die Welt richtig." (6.54)

Diese Stelle ist sicherlich ziemlich rätselhaft und unklar. Deutet man sie so, wie ich dies gerade anstrebe, dann ergibt sich allerdings das überraschende Bild, dass Wittgenstein und Kant einander nahe kommen: Wittgenstein sagt dann nämlich: Sprachkritik ist nötig. Aber das Ärgernis der Philosophie besteht gerade darin, dass eine konsequente Sprachkritik die Philosophie als Lehre auflöst, ohne doch die Philosophie als Inbegriff beunruhigender und unabweisbarer Fragen zu überwinden. Denn: Wenn man die philosophischen Fragen sprachkritisch reduziert und ebenso beantwortet, beantwortet man sie endgültig, zugleich aber ist mit einer solchen Lösung im Sinne der Auflösung der Philosophie in Sprachkritik nicht viel gewonnen. So zeigt der *Traktat* paradoxerweise die Notwendigkeit der Sprachkritik und auch Notwendigkeit der Philosophie im klassischen Sinne. Wer aber die Wortleiter des *Traktats* hinaufgestiegen ist, befindet sich auf einer Ebene sprachkritischer Bewusstheit, die eine neuartige Behandlung der alten und immer noch unabweisbaren Fragen erlaubt. Er kann daher die Leiter wegwerfen. Er hat gelernt, was auf diese Weise zu lernen war.

5 Die Spannung von Schweigen und Sprechen

Es kam mir bei meinen Schlussüberlegungen nicht darauf an, Wittgenstein mit Kant zu harmonisieren. Vielmehr liegt der Ton meiner Bemerkungen zu Wittgenstein und Kant auf der Feststellung, dass beide Philosophen sind und dennoch gegensätzliche, in einem spannungsvollen Verhältnis zueinander stehende Prinzipien zu verfolgen scheinen, dass aber dennoch diese Spannung von notwendigem Schweigen und ebenso notwendigem Sprechen den Lebensbereich der Philosophie ausmacht. Das heißt: Philosophie zu treiben, das ist ein Leben in der andauernden Gefahr zuviel oder zu wenig zu sagen, weil das philosophische Nachdenken ein immerwährendes Wagnis des Irrtums einschließt. Was diese Überlegungen betrifft, so sind auch sie diesem Wagnis ausgeliefert. Ich tröste mich aber mit einem Wort des Philosophen Edmund Husserl, der einem Kollegen einmal schrieb:

> „Ich bin im voraus sicher, daß ein grosser Teil dessen, was ich geschrieben, irrig ist; aber ebenso sicher, daß es Irrtümer waren, die einmal versucht, gewagt werden mussten. Sichere Wahrheit werden wir in den Fundamenten nicht gewinnen, ohne alle Möglichkeiten ernst durchdacht zu haben. Ganz ernst denkt eine Möglichkeit aber nur derjenige durch, der an sie glaubt.“[3]

Das Wagnis des Irrtums ist bei der nicht-empirischen Wissenschaft Philosophie besonders groß, aber es ist auch notwendig; denn es gelten beide Sätze, sowohl Wittgensteins Schweigegebot: „Wovon man nicht reden kann, darüber muss man schweigen.“, als auch dessen Umkehrung, „Wovon man nicht schweigen kann, darüber muss man reden.“

Der Philosoph hat sein besonderes Schicksal darin, dass er im Spannungsfeld dieser Sätze nachdenken muss.

[3] E. Husserl: Brief an Franz Brentano vom 11. und 15. Oktober 1904, in: Briefwechsel/Die Brentanoschule, in: Husserliana, Dokumente, Band III, Teil 1, 21; hier zitiert nach: ders.: Phantasie, Bildbewusstsein, Erinnerung 1898-1925, Husserliana, Bd. XXIII, Den Haag 1980, LIIf..

Moralistische und existenzielle Skepsis

Montaigne: (Selbst)Gespräche wider den existenziellen Minimalismus.

Die Philosophie hat es nicht nur mit Kants drei berühmten Fragen „Was kann ich wissen, was soll ich tun, was darf ich hoffen" zu tun, sondern vielmehr auch und innerhalb der Tradition zu allererst mit der naiv klingenden und dennoch unvermeidlichen weiteren Frage: „Wie soll ich leben?" Um diese Frage kreisen Michel de Montaignes Reflexionen in den „Essais".[1] Eine seiner wichtigsten Einsichten besteht dabei darin, dass man niemals aufhört zu leben, dass selbst die trivialsten Beschäftigungen, ja selbst Müßiggang und Nichtstun ernst zu nehmende Teile des Lebensvollzugs sind und dadurch wie das Leben insgesamt eine spezifische Würde erlangen. Diese Würde erlangen sie dadurch, dass das Leben insgesamt eine schwierige, ja die Schwierigste aller Künste ist: „Wir sind große Toren: Er hat sein Leben müßig verbracht, sagen wir; ich habe heute nichts getan. – Wie? Hast du nicht gelebt? Das ist nicht nur die wichtigste, sondern auch die rühmlichste deiner Beschäftigungen." (875)

Um Montaignes Frage nach dem guten Leben richtig zu verstehen, muss man jedes einzelne wichtige ihrer Worte (wie, ich, leben) ernst nehmen: Es kommt ihm nicht auf einen umfassenden Zweck alles menschlichen Lebens an, nicht auf das alles in sich begreifende Endziel humaner Existenz. Deshalb fragt Montaigne nicht „wozu?" sondern „wie?" Es geht ihm um die richtige Art und Weise des Lebens, nicht um das vermeintliche Ziel desselben.

Die Essais sind eher Beiträge zu einer *Kunst des Lebens* als zu einer *Philosophie der Existenz*. Zwar stellen sie die Frage nach dem Sinn des Lebens, jedoch verliert diese Frage bei Montaigne ihre metaphysische Schwere und Melancholie. Das liegt vor allem daran, dass die Reflexionen des Franzosen in ihren Ansprüchen bescheiden bleiben. Wer die zahlreichen und thematisch weit gestreuten Gedankengänge des zeitweiligen Bürgermeisters von Bordeaux mitvollzogen hat, wird vermutlich mit der seltsamen und dennoch weisen Einsicht zurückbleiben: Der Sinn des Lebens ist das Leben. Das klingt eigenartig, verliert aber etwas von seiner Befremdlichkeit, wenn man Montaignes einzelne Ratschläge zu ganz konkreten Lebensproblemen ernst nimmt.

---

[1] Michel de Montaigne: Essais. Auswahl und Übersetzung von Herbert Lüthy. Alle in diesem Kapitel gegeben Zitate erfolgen nach dieser Ausgabe.

Sehr viele seiner Einsichten und Anregungen entnimmt er den Schriften der antiken Weisheitsschulen, den Stoikern, insbesondere Cicero, den Epikureern, vor allem aber der skeptischen Tradition. Er ist ein Eklektiker reinsten Wassers: Er nimmt, woher er etwas bekommen kann, und kombiniert alles mit jedem. So entsteht etwas Neues, ja Unverwechselbares: ein Bild davon, wie in der Sicht Montaignes ein konkretes Leben tatsächlich gelingen könnte: sein eigenes. Und darum geht es ihm. Er will niemanden darüber belehren, wie *man* leben sollte. Vielmehr zieht er den Leser als Freund und Vertrauten hinein in die schriftlichen Selbstgespräche, in denen er sich offenbart und sich selber zu orientieren sucht. Daher kommt der Eindruck von Unmittelbarkeit und Nähe: Montaigne lesen – das heißt: mit ihm leben, sein Freund werden, mit ihm nachdenken. Man ist nicht sein Schüler, man ist ein Gefährte auf dem Weg seines Lebens, eines Lebens übrigens in einer unruhigen Zeit: in einer Periode von Regierungskrisen, Religionskriegen und Pest. So fern uns diese Epoche, das 16. Jahrhundert in Frankreich, zunächst erscheinen mag – in den vertraulichen Unterhaltungen mit diesem konkreten Menschen aus dieser Zeit wird uns bewusst, dass die Verschiedenheit der Zeiten eines nicht verdecken kann: Montaigne beschreibt und reflektiert ein menschliches Lebens, das prinzipiell auch das unsrige sein könnte. „Wie soll *ich* leben?" fragt er – und dennoch geben seine Beschreibungen und Reflexionen Antworten auch auf die Frage: Wie kann *unser* Leben gelingen? Gerade weil er nur über sich spricht, spricht er auch über uns; nur weil er uns nicht zu belehren sucht, sind wir bereit, von diesem Individualisten zu lernen.

Solche Paradoxien entstehen bei dem Bemühen, sich auf Montaigne einzulassen, nicht zufällig. Vielmehr sind sie unvermeidlich; denn sie gehören zum Wesen dessen, womit er sich auseinander setzt: dem konkreten Leben eines einzelnen Menschen. Ein Mensch lebt ein menschliches Leben nur in dem Maße, in dem er die Widersprüche und Spannungen aushält, die sich aus seiner Person ergeben.

Und was heißt nun: „Leben"? – Ein in den letzten Jahren wieder häufig gelesener und zitierter Essai von Montaigne spielt im Titel auf einen berühmten Satz von Cicero an: „Cicero sagt, Philosophieren sei nichts anderes als sich auf den Tod vorbereiten."[2] Bei Montaigne ist dieser Gedanke programmatischer formuliert: „Philosophieren heißt sterben lernen." Gemeint ist in beiden Fällen, dass man lernen müsse, die Angst vor dem Verlust des Lebens und andere Verlustängste zu überwinden. Zwei Überzeugungen liegen diesem moralistischen Glücks-Imperativ zugrunde: 1. Zum menschlichen Leben gehört unausweichlich die Brüchigkeit allen Glücks: „Die Welt ist nichts als eine nimmer ruhende Schaukel. Alle Dinge in ihr schwanken fort und fort (...) Die Beständigkeit selbst ist nichts anderes als ein zauderndes Schwanken. (...) Ich zeige nicht das Sein; ich zeige den Übergang (...)" (623)

2. Wer sich zu sehr an die Glücksgüter, einschließlich des Lebens, bindet, lebt

---

2 A. a. O. 121. – Cicero selber bezieht sich hier auf Platons Dialog „Phaidon".

daher zwangsläufig in ständiger Verlustangst. Ein solches Leben aber wäre geprägt durch immerwährende Melancholie, für Cicero das schlimmste Laster.

Der stoische Königsweg aus diesem Kummer ist der Verzicht auf eine zu enge Bindung an irgendein Glücksgut, sei dies ein materielles Gut, soziale Anerkennung, eine geliebte Person, die eigene Gesundheit oder gar das eigene Leben. Nur in der Distanz zum Leben überwindet der Stoiker also die Todesangst. Hier ist Montaigne einen wesentlichen Schritt weiter: Ihm gelingt auf eine sich unmerklich vollziehende Weise gleichzeitig die Kultivierung von Lebensnähe und die Befreiung von der Todesangst. Er lernt und wir lernen mit ihm, dass es möglich ist, sich ganz auf das Leben einzulassen, es sogar in allen seinen glückhaften Aspekten von Herzen zu lieben, ohne deshalb von Verlust- und Todesängsten gequält werden zu müssen. Montaigne bezahlt für die erstrebte Todesverachtung nicht mehr mit der teuren Münze der Lebensverachtung. Beschreibt man die von ihm überwundene Theorie der Lebensverachtung mit dem Terminus „existenzieller Minimalismus", so lässt sich seine gesamte Philosophie als eine Reihe von Reden wider diesen existenziellen Minimalismus auffassen. Der soeben eingeführte Terminus beschreibt dabei eine Lebenshaltung der minimalen Erwartungen und des maximalen Verzichts zum Zwecke geringsten Enttäuschungsrisikos. Seine leitenden Prinzipien sind: „Sei zufrieden mit dem, was du hast – es hätte (noch) weniger sein können" und „Riskiere nicht, was du hast – du könntest auch dies (Wenige) noch verlieren." Montaigne will mehr – und er will alles genießen, wohl wissend, dass er damit die Risiken des Verlusts und der Enttäuschung eingeht.

Mit diesem Schritt vollzieht der moderne Skeptiker eine Hinwendung zur Diesseitigkeit und zur Lebenslust, die den Essais ihren spezifischen Charme gibt. Der Lebenskünstler Montaigne bekennt sich offen zu seiner Sinnenlust, zu den Freuden von Essen, Trinken und Erotik und verspottet die lebensfernen Grübler: „Ich, der ich mich an das Irdische halte, verabscheue die unmenschliche Weisheit, die uns zu Verächtern und Feinden der Pflege unseres Körpers machen will". (874)

Nicht jedoch die Verachtung des Edlen oder gar des Göttlichen strebt der skeptische Lebemann an, sondern eine Vermittlung der Extreme menschlichen Lebens. Es geht ihm um die Überwindung von Denk- und Lebensverboten: „Unter den Meinungen der Philosophie halte ich mich am liebsten an jene, die am handgreiflichsten sind, das heißt am menschlichsten und uns gemäßesten: meine Gedanken sind, wie es meinen Sitten entspricht, erdgebunden und demütig. Es dünkt mich (die Philosophie) treibt Kinderei, wenn sie sich in die Brust wirft und uns vorpredigt, es sei eine ungeheuerliche Verbindung, das Göttliche mit dem Irdischem, das Vernünftige mit dem Unvernünftigen, das Strenge mit dem Lässlichem, das Sittliche mit dem Unsittlichen zu vermählen, die Wollust sei eine tierische Empfindung und unwürdig, dass der Weise sie koste: die einzige Lust, die ihm aus dem Besitz einer schönen jungen Gattin erwachse, sei die Lust seines Gewissens, eine der Ordnung gemäße Handlung zu vollziehen (...) Hätten doch seine Jünger nicht mehr Anrecht und nicht mehr Saft und Kraft und Saft zur Entjungferung ihrer Gattinnen als seine Lehre." (881)

Zu solchen Sätzen ist Aufrichtigkeit erfordert; und gerade diese Aufrichtigkeit ist die Quelle eines weiteren Zaubers, der von diesen Essais ausgeht. Hier spricht jemand nicht nur über sich; er bekennt sich auch zu sich selber. Er schämt sich nicht, im Vollsinn des Wortes ein Mensch zu sein. Nur aus solcher Schamlosigkeit aber wächst wahre Lebensfreude.

Lebensangst und Weltvertrauen Existenzphilosophische Reflexionen.

Angst ist ein Grundzustand menschlicher Existenz. In den verschiedenen Formen der Angst drücken sich unterschiedliche Persönlichkeitstypen aus. Das lehrt der Psychologe Fritz Riemann in seinem Buch „Grundformen der Angst."[3] – „Angst gehört unvermeidlich zu unserem Leben. In immer neuen Abwandlungen begleitet sie uns von der Geburt bis zum Tode." (7) Dennoch ist Angst kein ursprüngliches Phänomen. Wovor wir Angst haben, das ist bedingt durch das, wonach wir am meisten streben. Nennen wir das, wonach wir am meisten streben, unser Grundstreben, so lässt sich allgemein sagen, dass die existenzielle Angst in der Einsicht gründet, dass wir unser Grundstreben möglicherweise nicht werden verwirklichen können. Angst gründet also in einer vernünftigen Einsicht: Wir verfügen nicht beliebig über unser Schicksal. Unser Streben und unser Schicksal können auseinanderfallen. Diese realistische Möglichkeit aber führt zu einem leidvollen Zustand: Wir ängstigen uns vor ihr, weil wir – ebenfalls vernünftigerweise – annehmen, die Nichtverwirklichung unseres Grundstrebens werde uns möglicherweise daran hindern, im Leben glücklich zu werden. Die Grundstruktur existenzieller Angst ist also die begründete Sorge, unglücklich zu werden. Nur weil die Menschen ein ursprüngliches Streben nach Glück haben, nur deshalb haben sie auch Angst im existenziellen Sinne.

Ist das Grundstreben eines Menschen ein Streben nach Ferne von den anderen Menschen, so hat dieser Mensch am meisten Angst vor dem Verlust der eigenen Unabhängigkeit. Er wird danach streben, nur oberflächliche Beziehungen zu den anderen zu haben, um keinen Selbstverlust zu riskieren. Solche Persönlichkeiten – Riemann nennt sie „schizoid" (20ff.) – sehen ihr Lebensglück am meisten gefährdet durch die Nähe der anderen. Deshalb bereitet ihnen gerade diese Nähe die größte existenzielle Angst. Die sich hier manifestierende Angst ist geboren aus *Misstrauen*.

Der Gegentyp des Schizoiden strebt nach Nähe zu den anderen Menschen. In ihr allein glaubt er – der „depressive" Typus (59ff.) – eine Glückschance zu haben. Tendenziell bedingungslos bindet sich ein solcher Mensch an die anderen. Auf diese Weise sucht er die Entwicklung zu einer selbständigen Form erwachsener Existenz

[3] F. Riemann: Grundformen der Angst. Eine tiefenpsychologische Studie. München 1990. Alle im ersten Abschnitts dieses Kapitels gegeben Riemann-Zitate beziehen sich auf diese Ausgabe.

zu vermeiden. Er sieht in der Unabhängigkeit von anderen die Gefahr der Isolation und Vereinsamung – und vor nichts hat er größere Angst als vor solcher Einsamkeit. Diese Art der Existenz ist geboren aus *Unsicherheit*

Die zwei weiteren Grundtypen der existenziellen Angst sind der „zwanghafte" (105ff.) und der „hysterische" Typ (156ff.). Sie sind charakterisiert durch ein gegensätzliches Verhältnis zu existenzieller Beständigkeit: Der Zwanghafte braucht zu seinem Lebensglück nichts so sehr wie *Beständigkeit*; der Hysterische sieht sein Lebensglück durch nichts so bedroht wie gerade durch die Beständigkeit. Während der Zwanghafte entsprechend vor nichts so sehr Angst hat wie vor der Veränderung, ängstigt den Hysterischen nichts so sehr wie das Ausbleiben von Veränderung. Im ersten Fall ist die Grundangst gerichtet auf Vergänglichkeit – weil das Grundstreben gerichtet ist auf Dauerhaftigkeit; im zweiten Fall geht das Grundstreben auf Freiheit, entsprechend richtet sich die Grundangst auf die Vorstellung von Bindung und Notwendigkeit. Die Angst des Zwanghaften ist geboren aus *Bindungssucht*, die des Hysterischen aus *Bindungsangst.*

Diese interessante Lehre Riemanns ist eine vergleichsweise späte Theorie existenzieller Angst. Sie stammt aus dem Jahre 1970. Bei der Frage danach, wie der Mensch glücklich werden könnte, stießen schon die Denker der griechischen Weisheitsschulen der Antike auf den Zusammenhang von Glücksstreben und Angst. Eine ihrer Antworten auf die Frage danach, wie man Angst reduzieren oder gar vermeiden könne, empfiehlt eine Radikalkur: Je weniger man nach dem Glück strebt, umso geringer wird auch die Angst sein, es zu verpassen. Angstreduktion ergibt sich hier aus Glücksreduktion oder einer Kultur des Gleichmuts. Diese auf die antiken Skeptiker und Stoiker zurückgehende Lehre von der Ataraxie (Seelenruhe) ist insofern interessant, als sie den auch bei Riemann noch angenommenen Zusammenhang von Glücksstreben und existenzieller Angst zur Grundlage ihres Lösungsvorschlags macht. In der Geschichte der Philosophie ist über diese Lehre immer wieder nachgedacht worden, und die Betrachtung einiger der Stationen dieses Nachdenkens können helfen, die modernen psychologischen Theorien der Angst besser zu verstehen.

1 Angst vor der Sinnlosigkeit

Erst seit der Mitte des 19. Jahrhunderts ist die Reflexion über die Glückschancen im menschlichen Leben und damit zugleich die Frage nach dem Ursprung und dem sinnvollen Umgang mit der existenziellen Angst wieder ein zentrales Thema der Philosophie, und zwar insbesondere in der sogenannten Existenzphilosophie. Als deren Begründer gilt der dänische Philosoph Sören Kierkegaard (1813-1855). In seiner Philosophie hat die Theorie der Angst eine ganz zentrale Stellung; sie ist zudem unmittelbar verknüpft mit einer Interpretation menschlicher Existenz als Streben. Im Streben ist der Mensch nach Kierkegaard nicht bei seiner gegenwärtigen Existenz, sondern entweder beim idealen Selbst der Zukunft oder bei Entscheidungen und

Möglichkeiten – vor allem: verpassten – der Vergangenheit. Beides, sowohl die Sorge um das ideale Selbst der Zukunft als auch die Beklemmung angesichts der bereits vollzogenen und zumindest zum Teil als problematisch empfundenen Festlegungen der Vergangenheit, machen uns Angst. In beiden Perspektiven erleben wir die Möglichkeit des Scheiterns, die Bedrohung unserer Existenz durch die Sinnlosigkeit. In Momenten besonderer Bewusstheit entwickelt sich die Angst fort in den Zustand der Verzweiflung. In dieser Form wird Angst dann existenziell produktiv; denn der Mensch kann die Verzweiflung nicht ertragen. Er muss an seinem Leben etwas ändern, um die Verzweiflung zu überwinden. Darin zeigt sich nun nach Kierkegaard die Doppelgesichtigkeit der gesteigerten Angst, der Verzweiflung: Sie ist Chance und Gefahr zugleich. Sie kann uns entweder dem existenziellen Ziel – dem idealen Selbst der Zukunft – näher bringen oder uns von ihm entfernen. Dies hat damit zu tun, dass die Verzweiflung in zwei gegensätzlichen Gestalten auftritt. Kierkegaard nennt diese Verzweiflung der Schwäche und Verzweiflung der Stärke. Die Verzweiflung der Schwäche zeigt sich in dem verzweifelten Bemühen, nicht man selbst zu sein, während die Verzweiflung der Stärke gerade aus dem verzweifelten Streben resultiert, man selbst zu sein. Die erste geht einher mit *Selbstflucht*, die zweite mit *Selbstsuche*. Beide Wege einer möglichen menschlichen Existenz sind schwierig und mit Ängsten belastet.

Kierkegaard sieht nun die eigentliche Aufgabe der menschlichen Existenz in der Verwirklichung der eigenen Person. Für ihn ist also das zu kultivierende Grundstreben die Selbstsuche. Deshalb ist die ethische Forderung des Gewissens an den Menschen, sich nicht der Verzweiflung der Schwäche zu überlassen, sondern sich an der Verzweiflung der Stärke zu orientieren. In der Sicht Kierkegaards sind die Grundformen existenzieller Angst demnach die Angst vor dem Selbst auf der einen und die Angst vor dem Selbstverlust auf der anderen Seite. Der Selbstverlust ist Resultat der Verzweiflung der Schwäche, also des Fehlens eines Bekenntnisses zur eigenen Person.

Wichtig ist jedoch die Einsicht, dass sowohl der richtige als auch der falsche Umgang mit der eigenen Existenz an die Realität der existenziellen Angst gebunden bleibt. Dies gilt sogar dann, wenn man den von Kierkegaard empfohlenen Weg eines „Sprungs" in die religiöse Lebensform wählt; denn auch die so gewonnene metaphysische Absicherung der eigenen existenziellen Wahl geht auf eine problematische Entscheidung zurück. Auch diese Entscheidung befreit nicht grundsätzlich von der Angst, weil auch sie als das erlebt wird, was sie wirklich ist: ein existenzielles Risiko; denn auch in Entscheidungen für einen bestimmten religiösen Glauben kann der Mensch den Sinn seiner eigenen Existenz verfehlen.

2 Angst vor der Eigentlichkeit

Der schon bei Kierkegaard wichtige Gedanke, dass der Mensch versucht ist, sich von der Last der eigenen Existenz zu befreien, findet eine Weiterentwicklung im Denken des deutschen Philosophen Martin Heidegger (1889-1976). Die Gefahr, den Sinn der eigenen Existenz zu verfehlen, gibt dem Dasein den Grundcharakter der *Sorge*. In der Sorge ist das Dasein auf seine eigene Zeitlichkeit bezogen. Es erlebt sich als „Sein zum Tode".[4] Die hierhin gehörende Form der Angst ist allerdings nicht Todesangst, sondern vielmehr *Lebensangst*. In der Realität des Todes erlebt der Mensch nach Heidegger die Grenzen der Verfügbarkeit der eigenen Existenz; er wird sich dessen bewusst, dass das eigene Leben nicht beliebig lange korrigierbar ist, dass es einen Zeitpunkt geben wird, an dem über das tatsächlich gelebte Leben Rechenschaft abgelegt werden muss. Diese Aussicht ängstigt den Menschen, weil ihn die Sorge plagt, am Ende seines Lebens müsse er dieses eventuell als verfehlt einstufen. Die existenzielle Angst ist demnach auch für Heidegger bedingt durch die Spannung zwischen dem Streben nach Glück (Lebenssinn) und der Möglichkeit eines Scheiterns dieses Glücksstrebens.

Ähnlich wie Kierkegaard sieht auch Heidegger den Sinn des Lebens in der Verwirklichung der eigenen Person. Der Sinn des Daseins ist die *Eigentlichkeit*. Doch sieht auch er, dass das Streben nach Eigentlichkeit oft als zu mühsam empfunden wird. Das Dasein neigt deshalb dazu, sich den Sinn seines eigenen Lebens von den jeweils dominierenden üblichen Lebensformen vorgeben zu lassen. Es sucht sich zu entlasten, indem es statt sich selber das Man, statt der Eigentlichkeit die Uneigentlichkeit wählt. Der Verzweiflung der Schwäche entspricht hier die Flucht in das Man. Der Ruf des Gewissens erinnert das Dasein zwar an den Zusammenhang von Lebenssinn und Eigentlichkeit, aber nicht immer wird dieser Ruf gehört.

3 Angst vor der Freiheit

Existenzielle Angst ist immer verbunden mit der Vorstellung eines Scheiterns unseres (Grund)Strebens. Für die Existenzphilosophie ist zudem charakteristisch, dass sie ein solches Scheitern niemals als Ergebnis des Waltens von Schicksalsmächten deutet, sondern es immer in Verbindung bringt mit falschen Entscheidungen des betroffenen Menschen selber. Insofern ist die Angst des sich existenzphilosophisch deutenden Menschen ihrem Grundzuge nach die Angst davor, an der Bewältigung der Aufgaben zu scheitern, die das Leben ihm stellt. Sie ist in diesem Sinne *Versagensangst*; und insoweit geht existenzielle Angst einher mit dem Bewusstsein existenzieller *Schuld*: der Schuld daran, dass aus dem eigenen Leben nicht geworden ist, was aus ihm hätte werden können und sollen. Existenzielles Versagen ist Versagen am eigenen Leben.

Damit aber das Scheitern des Grundstrebens in diesem strengen Sinne dem Menschen selber angelastet werden kann, muss er als für sein Leben verantwortlich eingestuft werden. Dies setzt voraus, dass das Leben des Menschen als ein Leben aus der *Freiheit* interpretiert wird. Tatsächlich ist diese Deutung der menschlichen Existenz

[4] M. Heidegger: Sein und Zeit. Tübingen 1967, 235ff.

als ein Leben aus der Freiheit ein Grundzug existenzialistischen Denkens. Am deutlichsten zeigt sich dies im Denken des französischen Philosophen und Schriftstellers Jean-Paul Sartre (1905-1980).

Dort erscheint die existenzielle Angst als der notwendige Begleiter der existenziellen Freiheit. Das Bewusstsein, mein Leben selber zu gestalten, die Werte selber zu setzen, seinen Sinn selber stiften zu müssen, ist ein Bewusstsein absoluter Freiheit. Zugleich aber ist es auch ein Bewusstsein nicht-delegierbarer *Verantwortung*. Ich – und nur ich – bin für mein Leben und für seinen Sinn verantwortlich. Aus dieser Verantwortung kann ich mich auf keine Weise hinausstehlen; denn selbst wenn ich mich bei problematischen Lebensentscheidungen auf den Rat von Autoritäten verlasse, kann ich doch dadurch nicht meine Verantwortung auf sie übertragen. Ich bleibe immer für die Entscheidung verantwortlich, mich z. B. nach dem Rat der von mir ausgewählten Experten gerichtet zu haben. Angesichts dieser Unausweichlichkeit der existenziellen Verantwortung empfindet der Mensch die eigene Freiheit oft als *Last*. Sie ist jedoch eine Last, derer er sich niemals entledigen kann. Es ist dem Menschen nicht möglich, die Realität dieser existenziellen Freiheit vor sich selber zu leugnen. Er kann sich nicht als unfrei wählen. Insofern ist die Freiheit sein Schicksal: Er ist zur Freiheit verurteilt.[5] Die dem Menschen damit aufgebürdete Verantwortung für sein Leben als Ganzes ängstigt ihn; und diese Angst ist verständlich. Ist sie aber gesund und produktiv oder birgt sie eher die Gefahr von Hemmung und Erkrankung?

4 Angst und Vertrauen

Angst zu haben, ist kein schönes Gefühl. Viel angenehmer ist es, sich sicher zu fühlen. Ein wesentlicher Grund dafür, dass sich die Menschen vor der Angst ängstigen, liegt sicher darin, dass sie den unangenehmen Gefühlszustand „Angst haben“ fürchten. Das ist verständlich. Wäre die Angst nur dieser unangenehme Gefühlszustand, so wäre es sicher sinnvoll, Angst zu meiden, wo immer dies möglich ist. Nun gibt es jedoch eine wesentliche Parallele zwischen Angst und Schmerz. Auch Schmerzen zu haben ist unangenehm; und daher fürchten wir den Schmerz. Aber wir wissen auch: Der Schmerz ist eine Hilfe; er sagt uns, dass wir krank sind. Ganz entsprechend ist auch die Angst eine Hilfe; sie sagt uns, dass wir in Gefahr sind.

Existenzielle Angst ist daher der Ausdruck prinzipieller Bedrohtheit der menschlichen Existenz oder zumindest des Glücks in einer menschlichen Existenz. Existenzielle Angst warnt uns davor, uns in falscher Glückssicherheit zu wiegen. Menschliches Glück ist nie sicher, es ist immer gefährdet. Es ist auch nicht beständig, sondern – wie auch das Unglück – wechselhaft. Angst ist der Zustand, in welchem wir uns dieser Unsicherheit und Wechselhaftigkeit des menschlichen Glücks bewusst werden. Positiv verstanden bietet die existenzielle Angst also die Chance, auf die Gefährdetheit

---

5 Vgl. J.-P. Sartre: Das Sein und das Nichts. Hamburg 1991, 764.

des Glücks aufmerksam zu werden und behutsam mit ihm umzugehen. Insoweit ist die existenzielle Angst gesund und produktiv.

Angst kann aber auch lähmend wirken und krank machen. Dies gilt auch für die existenzielle Angst. Menschen können Lebensangst haben, und zwar in einem solchen Maße, dass diese Angst sie krank macht. Dies ist der Fall bei der sogenannten neurotischen Angst.

Während es keinen Sinn macht, sich vor der existenziellen Angst als solcher zu ängstigen, ist es demnach sehr wohl vernünftig, die neurotische Übersteigerung auch der existenziellen Angst zu fürchten.

Manche Psychologen und Philosophen lehren, dass jede Form der Angst Spuren von Todesangst enthält. Der Tod wird erlebt als das Ende aller Glückschancen; er ist das existenzielle Symbol dieses Endes. Wie ist es nun angesichts des so verstandenen Todes möglich, eine neurotische Übersteigerung der im Prinzip vernünftigen existenziellen Angst zu vermeiden? – Die antiken philosophischen Weisheitsschulen lehrten, dass man sich umso weniger ängstigt, je weniger man sich an das ohnehin dauernd gefährdete und jedenfalls endliche irdische Glück bindet. Es kommt, dieser Lehre zufolge, bei der Vermeidung einer neurotischen Übersteigerung der existenziellen Angst vor allem darauf an, den Verlust von (irdischem) Glück nicht zu fürchten, nicht einmal des Verlust des fundamentalen Glücks, nämlich überhaupt (noch) zu leben. Diese Radikalkur – die Überwindung (eventuell neurotischer) existenzieller Angst durch die Geringschätzung existenziellen Glücks – mag helfen; aber sie fordert einen hohen Preis: Nur wer das – wenn auch noch so flüchtige – Glück mit innerer Distanz erlebt, ist in diesem Sinne vor der Angst gefeit, dieses Glück zu verlieren. Die Angstfreiheit der antiken Weisheitsschulen ist also erkauft mit einer, wie mir scheint, lebensfeindlichen Zurückweisung emotionaler Bindung an das jeweilige Glück. Die Befreiung von existenzieller Angst geht hier tendenziell einher mit dem Verlust der Freude am Leben. Das ist ein hoher Preis; und es bleibt zu fragen, ob man ihn denn wirklich zahlen muss, wenn man die gefährliche Übersteigerung existenzieller Angst von vorneherein vermeiden will.

Mir scheint das nicht der Fall zu sein. Diese antike Lehre ist nämlich kein Mittel nur gegen die neurotisch übersteigerte existenzielle Angst; sie ist vielmehr eine Methode zur Vermeidung existenzieller Angst überhaupt. In ihrem Kern lehrt sie: Das Leben ist es nicht wert, dass man sich vor seinem Verlust fürchtet. Wer glaubt, nichts Wertvolles verlieren zu können, wird auch keine Verlustangst haben. Im Rahmen dieser minimalistischen Theorie bleibt jedoch die Frage offen: Aber warum sollte ein Mensch sich unter diesen Umständen des Lebens freuen?

Existenzielle Angst hat nur der Mensch, der sich des Lebens freut; denn nur der kann etwas Relevantes verlieren. Wer sich Lebensfreude erhalten will, wird also existenzielle Angst in Kauf nehmen müssen. Das eine ist ohne das andere nicht zu haben. Es kommt nur darauf an, die mögliche neurotische Übersteigerung zu vermeiden.

Was lehrt die Philosophie denn hierzu? Kennt sie Methoden der Vermeidung von Angstübersteigerung?

Es scheint, dass einzige, was die Philosophie dazu lehren kann, ist die Notwendigkeit, ein Gegengewicht gegen die existenzielle Angst zu schaffen: nämlich ein prinzipielles Weltvertrauen. Dieses besteht in der optimistischen Einschätzung, dass uns die Welt – sei es die natürliche, die kulturelle oder die soziale – in aller Regel freundlich behandeln wird. Aus philosophischer Sicht ist eine neurotische Übersteigerung existenzieller Angst Ausdruck des Fehlens eines solchen prinzipiellen Weltvertrauens. Angst und Vertrauen gehören zusammen. Vertrauen ohne Angst macht leichtsinnig; Angst ohne Vertrauen lähmt. – Woher aber wäre – in philosophischer Sicht – ein solches Vertrauen zu nehmen?

Hier gilt: Existenzielles Vertrauen bekommt man nicht geschenkt. Man muss es kultivieren. Der grundlegende Schritt bei der Kultivierung eines solchen Vertrauens ist – als Paradoxie formuliert – die Veränderung des Unveränderlichen: Da das Leben im beschriebenen Sinne durch Gefahren und Unbeständigkeit bestimmt ist und dieser existenzielle Grundtatbestand auch nicht geändert werden kann, kommt es darauf an, unsere eigene Sicht dieser Lage zu verändern. Wir müssen, um existenzielles Vertrauen zu gewinnen, den Blick abwenden von dem, was verloren zu gehen droht und ihn hinwenden zu dem, was gewonnen werden kann. Das die existenzielle Angst erzeugende Risikobewusstsein ist nicht zu ersetzen, wohl aber zu ergänzen um ein Chancenbewusstsein.

Ein solches Chancenbewusstsein gilt sogar angesichts der alle unsere existenzielle Angst eventuell begleitenden Todesangst. Zwar bleibt nach wie vor richtig, dass wir über den Zeitpunkt unseres Todes (in aller Regel) nicht selbst bestimmen und ihn auch nicht kennen. Richtig bleibt auch, dass mit dem Tod die (irdischen) Glückschancen ein Ende finden. Im Chancenbewusstsein aber erfahren wir ausdrücklich, was wir sonst allenfalls ahnen: Erst dann enden die Glückschancen. Solange wir (überhaupt noch) leben, haben wir die Chance auf Glück.

Da, wie eingangs formuliert, existenzielle Angst sich ergibt aus dem Bewusstsein der Gefährdung des Glücks, kann nur eine Kultivierung des Bewusstseins der Glücksmöglichkeit das notwendige Gegengewicht zur existenziellen Angst erzeugen. Eine neurotische Übersteigerung existenzieller Angst kann verhindert werden durch eine Kultur existenziellen Vertrauens. Dieses Vertrauen ersetzt nicht das Risikobewusstsein, sondern ergänzt es. Es ist gegründet in der Einsicht, dass die menschliche Existenz nicht nur gefährdet, sondern auch behütet ist.

Sisyphos und Prometheus. Philosophische Lebenskonzepte zwischen Moderne und Postmoderne.

Sowohl Sisyphos als auch Prometheus werden von den Göttern bestraft. Ihr Schicksal erscheint grausam – und ist dies auch. Sieht man jedoch von den Details der Strafen ab und konzentriert sich auf einige formale Aspekte, so lassen sich an den gegensätzlichen Aspekten der ansonsten weitgehend gemeinsamen Schicksale der beiden Herausforderer der Gottheiten interessante Beobachtungen machen. Eine dieser Beobachtungen betrifft die Frage, in welchem Sinne diese beiden Figuren aus der griechischen Mythologie uns heute lebenden Menschen zu Vorbildern werden können. Albert Camus hat diesbezüglich bereits den Vorschlag gemacht, Sisyphos als Vorbild für den modernen, d.h. „absurden" Menschen zu verstehen und beschreibt eindringlich das spezifische Glück des Sisyphos. – Ausgehend von dieser Idee möchte ich im Folgenden den Vorschlag entwickeln und begründen, in Prometheus ein geeignetes Vorbild nicht für den modernen, sondern vielmehr für den postmodernen Menschen zu sehen.

1 Sisyphos und das moderne Lebenskonzept: Verzweiflung, Melancholie und Glück

Albert Camus hat immer wieder geäußert, er betrachte sich als einen mediterranen Menschen. Aus dieser mediterranen Orientierung seiner Existenz hat er in gewisser Weise sogar so etwas wie ein philosophisches Programm gemacht: Die Zukunft der Menschheit lag für ihn im „mittelmeerischen" Denken.

Der Titel seiner ersten wichtigen philosophischen Schrift enthält daher ganz konsequent eine Anspielung auf einen griechischen Mythos, nämlich auf den Mythos von Sisyphos[6]. In seiner Anwendung auf die existenzielle Grundsituation des modernen Menschen ergibt sich aus diesem Mythos ein eindrucksvolles Bild für die condition humaine in der Moderne: Die moderne menschliche Existenz ist geprägt durch die Erfahrung der *Absurdität*.

Der Inhalt der mythischen Erzählung vom gegen die Götter aufbegehrenden Sisyphos ist in der hier relevanten Hinsicht der folgende: Sisyphos wurde von den Göttern dazu verurteilt, einen sehr schweren Stein einen Hügel hinaufzurollen. Das Heimtückische und Absurde an dieser Strafe bestand darin, dass der Stein immer wieder, wenn Sisyphos ihn gerade mühsam bis auf den Gipfel des Hügels gerollt hatte, unweigerlich wieder hinunterrollte, so dass Sisyphos ihn immer wieder von neuem

---

6 Zur Deutung des Mythos von Sisyphos bei Camus vgl. auch das Kapitel „Das Absurde. Der Mythos von Sysiphos" in meinem Buch: Absurder Lebensstolz. Postmoderne Auseinandersetzungen mit der Philosophie Albert Camus'. Münster 2012, 15ff. – Meine Formulierungen in diesem Abschnitts des Kapitels orientieren sich teilweise an diesem früheren Text.

den Hügel hinaufrollen musste. Sisyphos konnte diese ihm zugemutete stumpfsinnige und mühsame Arbeit niemals vollenden.

Camus verwendet dieses eindringliche und in den darstellenden Künsten häufig und in sehr verschiedenen Varianten präsentierte Bild als Metapher für die Existenz des modernen Menschen: *Der moderne Mensch ist ein Sisyphos*. Es leuchtet ein, dass die Strafsituation des Sisyphos ein gutes Bild für die von Camus behauptete Absurdität der modernen menschlichen Existenz sein kann; denn Absurdität bedeutet *strukturelle Sinnlosigkeit*. Absurd ist nicht die Sinnlosigkeit an sich, sondern nur die strukturelle Sinnlosigkeit.

Natürlich kann es auch nicht-strukturelle, zufällige Sinnlosigkeit geben. Diese ergibt sich durch zufällige Fehler und unglückliche Umstände, etwa dadurch, dass jemand aus Unachtsamkeit falsche Entscheidungen trifft. Sogar eine ganze menschliche Existenz kann sinnlos sein, weil sie völlig falsch „angefasst" wird. In der metaphorischen Verwendung des Mythos von Sisyphos bei Camus ist jedoch die Tatsache angesprochen, dass es eine das Dasein nicht bloß zufällig, sondern vielmehr strukturell und notwendig bestimmende Sinnlosigkeit gibt: Die realen Lebensbedingungen machen es dem modernen Menschen in dieser Sicht schlechterdings unmöglich, dem Ganzen seiner Existenz einen Sinn zu verleihen: Den menschlichen Handlungen fehlt prinzipiell eine Sinnbestimmung. Wie bei Sisyphos verbirgt sich hinter der grausamen und sinnlosen Einrichtung seines Lebens (durch die Götter) auch beim modernen Menschen hinter den faktischen Lebensvollzügen kein tieferer Sinn.

Das Bild, das hier von der menschlichen Existenz gezeichnet wird, ist demnach nicht bloß, dass das moderne Leben anstrengend ist, obwohl auch dieses – wie dasjenige des Sisyphos – durch Mühsal gekennzeichnet ist. Wäre dies Camus' Deutung des Mythos, so wäre dieser keine Metapher für die strukturelle Sinnlosigkeit, sondern ein Bild für die Mühsal menschlicher Existenz. Der Mythos aber besagt in Camus' Interpretation tatsächlich: Das Leben des modernen Menschen ist absurd. Es ist geprägt durch eine strukturelle Sinnlosigkeit.

Normalerweise ist die Idee der Sinnhaftigkeit der Existenz z. B. damit verbunden, dass ein (vielleicht sehr langsamer) Fortschritt stattfindet: Es wird etwa immer leichter, den Stein hoch zu rollen oder er rollt nicht sofort wieder hinunter, sondern er bleibt noch eine Sekunde oben. All dies ist im Bild es bestraften Sisyphos ausgeschlossen. Sisyphos rollt den Stein schon in der festen Erwartung den Hügel hinauf, dass dieser wieder hinunterrollt, sobald er oben ist. Er geht dann den Weg nach unten in der Gewissheit, dass er den Stein wieder hinauf rollen muss.

Ersetzt man diese Metapher durch eine Theorie, so kann man sie als Bild für die folgende philosophische Grundlehre Camus' verstehen: „Das Absurde entsteht aus dieser Gegenüberstellung des Menschen, der fragt, und der Welt, die vernunftwidrig schweigt."[7]

Sisyphos müsste überhaupt nicht leiden unter seiner Lebenssituation, wenn er nicht ein (moderner) Mensch wäre. Nur als Mensch möchte er nämlich, dass sein Handeln *Sinn* hat. Nur deshalb, weil er diesen Anspruch an seine Handlungen hat, leidet er darunter, dass er etwas Sinnloses tun muss, nur deshalb ist es überhaupt für ihn eine Strafe. – Hierin liegt eine tiefe Einsicht, die wir von Camus übernehmen können: Die Absurdität liegt nicht in der Welt selbst. Vielmehr kommt sie erst dadurch in die Welt, dass der Mensch mit der Welt konfrontiert wird und den Anspruch stellt, dass es sinnvoll sein muss, in der Welt zu leben und in ihr tätig zu sein.

Mit dem Begriff „vernunftwidrig" ist Camus' Kritik an der bisherigen Sinnphilosophie angesprochen. Eine erste Form einer solchen Philosophie ist die traditionelle Metaphysik z. B. diejenige der christlichen Tradition. Diese vertritt die Auffassung, die Welt habe tatsächlich einen (z. B. von Gott gestifteten) Sinn, man müsse ihn nur finden. Die zweite Gestalt traditioneller Sinnphilosophie ist diejenige der klassischen Aufklärung, des Rationalismus. Dieser lehrt: Die Welt mag keinen Sinn haben, aber wir können den Sinn kraft unserer Vernunft stiften. Die Vernunft bringt Ordnung in die Welt, und indem sie die Welt ordnet, macht sie sie auch sinnvoll.

Camus lehnt diese beiden Sinnphilosophien ab, weil er die dort angenommenen Quellen des Sinns für illusionär hält. Die menschliche Vernunft fragt (nach dem Sinn des Ganzen); aber die Welt schweigt. Das heißt: Sie widersetzt sich sowohl den Vernunft- als auch den Glaubensansprüchen des Menschen. Es ist in Camus' Sicht ebenso sehr eine Illusion, an einen göttlich gestifteten „Sinn des Ganzen" zu glauben, als daran, dass der Rationalismus durch die Stiftung einer *Ordnung* in der Welt zugleich auch einen *Sinn* in die Welt bringen könne; denn Ordnung ist etwas ganz anderes als Sinn.

Die Erfahrung, dass der Mensch Fragen stellt und die Welt vernunftwidrig schweigt, führt zu einem bestimmten – die Konfrontation mit dem Absurden in aller Regel begleitenden Gefühl – nämlich der *Melancholie*. Viel heftiger ist die ebenfalls hierhin gehörende *Verzweiflung*.

Camus' Philosophie ist nun aber nicht einfach eine Beschreibung dieser existenziellen (auch affektiven) Lage des modernen Menschen, sondern vielmehr ein *Aufruf zur Revolte gegen die Sinnlosigkeit*:

„Diese Auflehnung gibt dem Leben seinen Wert. Erstreckt sie sich über die ganze Dauer einer Existenz, so verleiht sie ihr ihre Größe. Für einen Menschen ohne Scheuklappen gibt es

---

[7] Camus, Albert: Der Mythos von Sisyphos. Ein Versuch über das Absurde. Mit einem kommentierenden Essay von Liselotte Richter. Deutsch von Hans Georg Brenner und Wolfdietrich Rasch, Rowohlt Verlag, Reinbek b. Hamburg 1959, 29. Camus, Albert: Essais, a.a.O., Le mythe de Sisyphe, 117: „L'absurde naît de cette confrontation entre l'appel humain et le silence déraisonnable du monde."

kein schöneres Schauspiel als die Intelligenz im Widerstreit mit einer ihm überlegenen Wirklichkeit. Das Schauspiel des menschlichen Stolzes ist unvergleichlich. [...] Bewußtsein und Auflehnung – diese abschlägigen Antworten sind das Gegenteil von Verzicht. Sie werden gegen das Leben aufgerufen von allem Eigensinn und aller Leidenschaft, deren das menschliche Herz fähig ist."[8]

Es geht Camus darum, Melancholie und Verzweiflung zu überwinden, indem man sich *empört*. – Der Mensch wird also von Camus aufgefordert, sich zu empören gegen die Sinnlosigkeit seiner Existenz: So wie die Dinge sind („la condition humaine"), ist es eigentlich eine Zumutung, ein Leben als Mensch zu leben. Dies legt eine Neigung zur freiwilligen Beendigung eines solchen Lebens nahe. Also ist das erste Problem, mit dem die Philosophie Camus' konfrontiert ist, die Frage danach, ob es richtig ist, Selbstmord zu begehen: „Es gibt nur ein wirklich ernstes philosophisches Problem: den Selbstmord. Die Entscheidung, ob das Leben sich lohne oder nicht, beantwortet die Grundfrage der Philosophie."[9]

Die Grundfrage der Philosophie ist also die Frage, ob das Leben sich lohnt oder nicht. In traditionelleren Termini ausgedrückt: Die Grundfrage der Philosophie ist, ob das menschliche Leben einen Sinn hat oder nicht. In den Vorbemerkungen zu „Der Mythos von Sisyphos" schreibt der Autor daher:

„Die folgenden Seiten handeln von einem Sinn für das Absurde, wie er in unserem Jahrhundert weit verbreitet ist – nicht von einer Philosophie des Absurden [...]. [...] Gleichzeitig aber ist die Bemerkung angebracht, dass das Absurde bisher als Ergebnis verstanden wurde, in diesem Versuch aber als Ausgangspunkt betrachtet wird."[10]

In diesem Versuch wird das Absurde demnach als Ausgangspunkt (z.B. für den Selbstmord) betrachtet. Die Philosophie Camus' lehrt nun, dass es nicht richtig ist, aus der Feststellung der Realität des Absurden die Konsequenz zu ziehen, das Leben aufzugeben. Vielmehr ist die richtige Reaktion auf diese Entdeckung, sich gegen das Absurde *zu empören*.

Es ist der Mensch mit seinen besonderen Ansprüchen, der das Problem der Ab-

---

8 Der Mythos von Sisyphos, a.a.O., 50. Le mythe de Sisyphe, a.a.O., 139: „Cette révolte donne son prix à la vie. Étendue sur toute la longueur d'une existence, elle lui restitue sa grandeur. Pour un homme sans œillères, il n'est pas de plus beau spectacle que celui d'intelligence aux prises avec une réalité qui le dépasse. Le spectacle de l'orgueil humain est inégalable. [...] Conscience et révolte, ces refus sont le contraire du renoncement. Tout ce qu'ily a d'irréductible et de passionné dans un cœur humain les anime au contraire de sa vie."

9 Der Mythos von Sisyphos, a.a.O., 9. Le mythe de Sisyphe, a.a.O., 99: „Il n'y a qu'un problème philosophique vraiment sérieux: c'est le suicide. Juger que la vie vaut ou ne vaut pas la peine d'être vécue, c'est répondre à la question fondamentale de la philosophie."

10 Der Mythos von Sisyphos, a.a.O., 8. Le mythe de Sisyphe, a.a.O., 98: „Les pages qui suivent traitent d'une sensibilité absurde qu'on peut trouver éparse dans le siècle – et non d'une philosophie absurde [...]. [...] Mais il est utile de noter, en même temps, que l'absurde, pris jusqu'ici comme conclusion, est considéré dans cet essai comme un point de départ."

surdität erst in die Realität der Welt hineinbringt. Wenn die Welt aber nur für den Menschen absurd ist, so kann auch nur der Mensch selber einen möglichen Sinn in sie hineinbringen. In dem im September 1945 in der Zeitschrift „Combat" erschienenen Aufsatz „Pessimismus und Mut", schreibt Camus:

> „Es ist kurz gesagt ein Problem der Entwicklung, und es geht darum zu erfahren, ob der Mensch ohne die Hilfe des Ewigen oder des rationalistischen Denkens auf sich selbst gestellt seine eigenen Werte schaffen kann."[11]

Für Camus stellt sich demnach die Frage: Gibt es eine Möglichkeit, dem Menschen jenseits von Metaphysik und Rationalismus die Chance zu geben, aus sich selber Werte zu schaffen, d.h., seinem Leben unabhängig von Metaphysik und Rationalismus einen Sinn zu geben. Das ist für Camus die eigentliche Aufgabe der Philosophie.

Der Grundkonflikt ist der Zwiespalt zwischen dem Sinnanspruch der Vernunft und der Zufälligkeit und Irrationalität des Daseins. Das Ziel ist, die Suche nach dem Sinn nicht aufzugeben, sondern zur Sinnfrage jenseits von Metaphysik und Rationalismus ein produktives Verhältnis zu finden. Das, was jenseits beider Irrwege anzustreben ist, nennt Camus selbst gelegentlich einen *atheistischen Humanismus*.

Dessen fundamentale Frage lautet also: Können wir aus der Welt als Ganzes, können wir aus der Existenz der Menschheit als Ganzer, können wir aus der Existenz von uns als Individuen so etwas wie einen Sinnzusammenhang machen? – Camus beantwortet diese Fragen negativ. Mit dem Ende der traditionellen Sinnphilosophien verliert auch das menschliche Dasein tatsächlich seine Rechtfertigung. Es hat keinen es selber rechtfertigenden Grund (raison d'être). Wer aufrichtig so denkt, muss sich ergebnisoffen die Frage stellen: Warum sollte ich nicht Selbstmord begehen?

Camus' Lösung des Problems besteht in einem typisch existentialistischen Vorschlag, nämlich darin, *sich selber ernst zu nehmen*: Wir müssen vermeiden, vor dem Absurden zu fliehen, wir müssen uns dem Absurden stellen, oder noch anders: Wir müssen das Absurde aushalten. Dieses Aushalten des Absurden zeigt sich in einer bestimmten Art, mit ihm umzugehen. Insgesamt realisiert sich darin die wichtigste, die fundamentale Form der menschlichen Freiheit, die metaphysische Freiheit. Ich bin metaphysisch frei, indem ich nicht glaube, dass mein Leben nur dann Sinn habe, wenn die Metaphysik ihm einen Sinn gibt, sondern wenn ich – obwohl ich weiß, dass die menschliche Existenz sinnlos ist – dennoch dieses Leben aushalte und es lebe.

Camus' metaphorische Formulierung dafür ist: Es kommt darauf an, nicht aufhören zu wollen, Sisyphos zu sein. Es wäre eine unehrliche Lösung vorzugeben, die Götter hätten uns nicht bestraft, oder sich einzureden, das Hinaufrollen des Steins mache

---

[11] Camus, Albert: Essais. Introduction par R. Quilliot. Textes établis et annotés par R. Quilliot et L. Faucon, Gallimard, Bibliothèque de la Pléiade, Paris 1965, Actuelles I, Pessimisme et Tyrannie, 312: „En bref, c'est un problème de civilisation et il s'agit de savoir pour nous si l'homme, dans le secours de l'éternel ou de la pensée rationaliste, peut créer à lui seul ses propres valeurs."

Sinn. Beides wäre falsch; denn beide Gedanken wären nur intellektuelle Fluchtversuche. Die einzige philosophisch akzeptable Lösung besteht darin, zu begreifen, *dass und warum Sisyphos glücklich ist*. Das spezifische Glück des Sisyphos hat seinen Ursprung darin, dass er sein Schicksal ausdrücklich zu seinem eigenen Leben macht und entsprechend positiv mit ihm umgeht. Der Mythos von Sisyphos lehrt uns nur dann etwas Positives, wenn wir uns Sisyphos in diesem Sinne als einen glücklichen Menschen vorstellen:

„Darin besteht die ganze verschwiegene Freude des *Sisyphos*. Sein Schicksal gehört ihm. Sein Fels ist seine Sache. [...] Der absurde Mensch sagt Ja, und seine Mühsal hat kein Ende mehr."[12]

Das Glück besteht nicht darin, dem Absurden zu entfliehen, es besteht auch nicht darin, das Absurde nur auszuhalten; es besteht vielmehr darin, das eigene Leben, die Welt, die einem zugänglich ist, zu seiner eigenen Sache zu machen.

2 Prometheus und das postmoderne Lebenskonzept: Zweifel, Ironie und Gelassenheit

Camus als dezidiert moderner Mensch begegnet den existenziellen Sinnfragen mit Ernst, nicht spielerisch und nicht heiter. Wäre Camus noch unser Zeitgenosse, wäre er also ein Postmoderner, so könnte er in der Auseinandersetzung selbst mit solchen Problemen Heiterkeit und eine Neigung zum Spielerischen zeigen. Daraus folgt für mich zugleich auch: Ein postmoderner Camus hätte als Großmetapher für seine Philosophie des Absurden nicht den Mythos von Sisyphos, sondern den Mythos des Prometheus gewählt; denn dieser lässt sich – sicherlich gegen die ursprüngliche Intention der mythischen Erzählung – als eine Erzählung mit Elementen von Heiterkeit und Spielerei, also postmodern lesen. Mein Ansatzpunkt für diese seltsame Deutung ist das Ende dieses Mythos. In ihm finde ich nämlich eine strukturelle Ironie realisiert, die einen Brückenschlag zum postmodernen Lebenskonzept erlaubt: Prometheus war am Kaukasus angeschnallt, bis ihn Herakles befreite und durch den Kentauren Chiron ersetze. Die Erzählung fährt dann fort:

„Auf dass jedoch das Urteil des Zeus, der den Prometheus auf weit längere Zeit an den Felsen gesprochen hatte, auch so nicht unvollzogen bliebe, so musste Prometheus fortwährend einen eisernen Ring tragen, an welchem sich ein Steinchen von jenem Kaukasosfelsen befand. So konnte Zeus sich rühmen, dass sein Feind noch immer an den Kaukasos geschmiedet lebe."[13]

---

[12] Der Mythos von Sisyphos, a.a.O., 100 f. Le mythe de Sisyphe, a.a.O., 197 f.: „Toute la joie silencieuse de Sisyphe est là. Son destin lui appartient. Son rocher est sa chose. [...] L'homme absurde dit oui et son effort n'aura plus de cesse."

[13] G. Schwab: Die schönsten Sagen des klassischen Altertums, Stuttgart o. J., 28.

Während der moderne Mensch wie Sisyphos sich heroisch darum bemüht, zu der sinnlosen Tätigkeit des alltäglichen Steinerollens eine positive Einstellung zu gewinnen, um dann sogar hieraus das spezifische Glück des Sisyphos zu ziehen, erlebt sich der postmoderne Mensch in meiner Sicht eher wie der befreite Prometheus: Die existenzielle Last hat sich für sein Empfinden in eine lästige Nebensache verwandelt. Die Strafe der Götter, dass er nämlich mit sinnlosen Qualen leben muss, erlebt er nur noch symbolisch und kann daher mit dieser Lage auch spielerisch und heiter umgehen. Er rollt keine Steine, er trägt nur noch einen eisernen Ring, dessen Steinchen ihn daran erinnert, dass das Leben letztlich ebenso sinnlos ist, wie die Lage des Prometheus am Kaukasusfelsen es war. Der postmoderne Mensch ist aber der befreite Prometheus: Die Sinnlosigkeit bleibt ihm zwar erhalten; sie ist jedoch etwas, mit dem sich beinahe leicht leben lässt, mit dem man jedenfalls spielerisch und heiter umgehen kann.

Die Postmoderne ist nicht die Zeit nach der Moderne, sondern sie ist eine Einstellung, die die Moderne zu sich selber hat. Sie ist die ironische Selbstdistanzierung der Moderne. Ich will diese These am Beispiel der heute üblich gewordenen Behandlung der Sinnfrage erläutern:

Während es für einen Menschen wie mich, der in den 60er Jahren ausgebildet wurde, selbstverständlich ist, dass man das Programm der Aufklärung und auch die Sinnfragen ernst zu nehmen hat, und dass zur menschlichen Existenz daher gehört, dass man die zugehörige Melancholie aushält, scheint mir dies für die Generation meiner Kinder und auch für diejenige der jetzigen Studierenden nicht mehr im gleichen Sinne und Maße zu gelten. In dieser neuen Generation – der postmodernen – bestimmen in meiner Sicht nicht Verzweiflung und Melancholie[14], sondern vielmehr Skepsis und Ironie Weltverhältnis und Selbstverständnis der Menschen. Mit diesen Einstellungen geht zudem eine bestimmte Form von Gelassenheit einher, die mir sehr weise erscheint.

Der weiter radikalisierte Zweifel zeigt sich jetzt auch in der Frage, ob man das Sinnbedürfnis der Menschen denn überhaupt so ernst nehmen muss, wie es in der (modernen) Tradition bisher genommen wurde. Er erscheint ferner als die Vermutung, dass jedes Sinn-Streben notwendig scheitern muss. Die Verbissenheit der Suche nach dem Element, in welchem die menschliche Existenz ihren Sinn findet, die Strenge der Beantwortung der Frage nach den obersten Werten, die Unermüdlichkeit auch der Fahndung nach einer Sinnbestimmung der Geschichte hat in der Moderne immer noch den *utopischen* Gedanken wach gehalten, dass es so etwas geben müsse wie eine definitive Antwort oder doch zumindest ein System von wenigstens einigermaßen verbindlichen Lösungen. Davon ist auch die Existenzphilosophie Camus'

---

[14] Zur Funktion der Melancholie in der Postmoderne vgl. R. Derveaux: Melancholie im Kontext der Postmoderne, Berlin 2002.

noch geprägt. Er sagt nicht: Wir wollen mal schauen, was für mich im Moment das Wichtigste ist, morgen denke ich vielleicht schon wieder ganz anders, sondern für gilt noch die intellektuelle Verbindlichkeit dessen, was man philosophisch denkt.

Demgegenüber habe ich den Eindruck, dass unter dem Titel „Postmoderne" eine Selbstentlastung von dieser Verbindlichkeit stattgefunden hat, so wie die Befreiung des Prometheus vom Felsen des Kaukasus eine Entlastung gewesen ist: Man sagt zwar noch: Mit der Frage nach dem Sinn meiner Existenz kann ich mich durchaus beschäftigen, das ist nicht sinnlos. Aber zugleich warnt man sich und andere davor, sich davon allzu viel zu versprechen. Man solle vor allen Dingen nicht glauben, man könne eine befriedigende Antwort finden. Man sucht, und die Suche reicht schon; sie muss auch genügen; denn einen verbindlichen Sinn wird man nicht finden können. Es ist vielleicht auch gar nicht notwendig, ihn zu finden, man kann ihn mal durch dieses und mal durch jenes ersetzen; aber im Grunde genommen brauchen wir gar keinen wirklichen Ersatz für Sinn, sondern die Suche nach dem Sinn selber hält uns schon in unserer Existenz lebendig.

Wie immer man das nennen mag, es kommt das Folgende dabei heraus: Der Moderne in der Gestalt der Existenzphilosophie entspricht als Lebensgefühl eine Art *melancholischer Ernst*. Das hier allein mögliche Glück ist das ernste und heroische Glück des Sisyphos. – Der von mir in etwas karikierender Form präsentierten postmodernen, nachexistentialistischen Behandlung der Sinnfrage entspricht eher die Haltung des befreiten Prometheus: Für den postmodernen Menschen ist die Sinnfrage eher ein Accessoire seines Lebens – sie baumelt, an einem Eisenring befestigt, an seinem Arm – als ein zentrales Element seiner Existenz. Auch wir Postmodernen werden sie nicht verbindlich beantworten können, also dürfen wir sie auch nicht zu ernst nehmen; denn – und dies ist der entscheidende postmoderne Entschluss – wir wollen uns nicht durch die Feststellung niederdrücken lassen, dass diese Frage nicht beantwortet werden kann. Deshalb nehmen wir sie nicht im Geiste moderner Ernsthaftigkeit, sondern vielmehr in der Haltung postmoderner Heiterkeit in unser Nachdenken auf. Wir gehen mit dem Sinnproblem um, weil wir immer wieder einmal mit ihm konfrontiert werden; aber wir nehmen sie nicht so wichtig, dass das Ausbleiben einer verbindlichen Antwort uns in melancholisch stimmen oder gar in die Verzweiflung treiben könnte. Wir wollen diese Frage auf Distanz halten; zudem versuchen wir, zu verschiedenen Zeiten verschiedene Antworten auf die gleiche Frage zu geben. An die Stelle melancholischen Ernstes bei der Behandlung der Sinnfrage ist damit zugleich so etwas getreten wie eine *existenzielle Heiterkeit*. Heiteres Spiel also statt melancholischer Ernsthaftigkeit ist die postmoderne Haltung zur Sinnfrage.

Das erlebe ich immer wieder, wenn ich mit heutigen Studierenden über Existenzphilosophie spreche. Es ist zu spüren, dass man von vorneherein denkt: Erstaunlich, dass Camus solche Fragen so ernst genommen hat. Und: Warum sollte man unter deren Unbeantwortbarkeit leiden. Vielleicht ist das menschliche Leben absurd? – Dann ist das eben unsere condition humaine: Ja und? – Auch Prometheus kann sich ja sagen: Für Zeus hänge ich immer noch am Kaukasus. Ja, und?

Es tritt also in der Postmoderne in meiner Sicht tendenziell ein partielles Unverständnis für Camus' Denken auf. Dies ist kein Unverständnis mit Bezug auf der Frage nach dem Sinn selber, sondern vielmehr ein solches gegenüber der emotionalen Beziehung zu dieser Frage. Insofern meine ich, sich heutzutage mit Camus zu beschäftigen, heißt, noch einmal ausdrücklich die Ernsthaftigkeit der Moderne gegenüber der ironischen Selbstdistanzierung der Postmoderne zu verteidigen. Anders formuliert: Wenn Mythen die großen Sinnerzählungen der Menschheit sind, verstehen wir uns dann richtiger in Analogie zu Prometheus oder vielmehr in Analogie zu Sisyphos?

Die Frage, noch etwas anders formuliert, lautet: Muss man Camus' Deutung des Mythos von Sisyphos heute noch ernst nehmen, oder ist er jemand, der mit einer unangemessenen Ernsthaftigkeit die Sinnfrage gestellt hat. Sind wir heute vielleicht erwachsener, indem wir ein naives Projekt endlich aufgegeben haben und unser Lebensglück nicht mehr daran hängen? Dieses heitere Spiel, das eher an Kinder erinnert, und der melancholische Ernst, der uns sogleich an das Erwachsensein denken lässt, das könnte doch ein ganz falsches Bild sein.

Es könnte ja im Gegenteil so sein: Camus ist das Kind, das noch immer Träume hat, nämlich die Träume davon, dass man in einem heroischen Akt sich dieser fundamentalen Sinnfrage stellt, auf sie ernsthaft und mit aller Konsequenz reagiert. Der postmoderne Mensch weiß: Diese Frage werden wir nicht beantworten können, wir beschäftigen uns damit, so wie wir uns mit anderen Fragen beschäftigen, und wir haben zu unterschiedlichen Zeiten unterschiedliche Antworten darauf. Je nachdem zum Beispiel, mit wem man gerade zusammenlebt, hat man unterschiedliche Antworten auf die Frage nach dem Sinn der eigenen und vielleicht auch der humanen Existenz überhaupt. Und das sei, könnte man annehmen, eine reifere Haltung in dieser Problemlage. Dann wäre uns also der befreite Prometheus näher als der gefangene Sisyphos.

Es liegt bei einer solchen Alternative nahe, sich eher für Prometheus und die existenzielle Heiterkeit zu entscheiden als für Sisyphos und den existenziellen Ernst. Auch ich neige zu einer solchen ironistischen Weltsicht. Dennoch muss auch eine Warnung ausgesprochen werden:

Die postmoderne Heiterkeit und der spielerische Umgang mit der Frage nach dem Sinn haben auch ihre Tücken: Wenn man frohgemut die Sinnfrage als unbeantwortbar verabschiedet hat, hat man sich zwar tatsächlich auch von ihr befreit; aber sie steht dann auch nicht mehr zur Verfügung, auch dann nicht, wenn man in eine Krise gerät. Der kleine Stein am Fingerring ist sicher angenehmer als der schwere Stein, der immer wieder einen Hügel hinauf gerollt werden muss. Aber auch die an sich unerfreuliche Lage des Sisyphos bietet diesem Möglichkeiten, die dem leichtlebigen befreiten Prometheus nicht mehr zur Verfügung stehen: Er kann die Sinnfrage noch ernst nehmen. Auch dies ist vielleicht wertvoll. Es bleibt also doch offen: eher Sisyphos oder eher Prometheus? Eher modern oder eher postmodern? – Wir werden weiter nachdenken müssen.

Ökologische Skepsis

Schwierige Natur. Skeptisch-moralistische Kommentare zu Grundproblemen der ökologischen Ethik.

1 „Humanistische" und „naturalistische" ökologische Ethik.

Unter dem Titel „Ökologische Ethik" werden in der Philosophie der Gegenwart verschiedene Systeme von Argumenten entwickelt, die den schonenden Umgang mit der Natur als eine moralische – etwa eine rechtsethische oder auch eine tugendethische – Verpflichtung auszuweisen suchen. Dabei scheinen mir zwei Argumentationstypen wegen ihres unterschiedlichen Ansatzes prinzipiell unterscheidbar zu sein.

Der traditionelle Typus gründet die Verpflichtung zum schonenden Umgang mit der Natur auf deren Bedeutung für die Menschheit als ganze. Diesen Typus möchte ich „humanistische ökologische Ethik" nennen. Sein schon in der klassischen Ethik – etwa derjenigen Kants – nachweisbarer Grundgedanke sieht die Natur als Verfügungsgegenstand des Menschen. Zugleich aber schränkt dieser Typus von Ethik das menschliche Verfügungsrecht über die Natur in spezifischer Weise ein. Der Träger dieses Rechts ist nämlich der humanistischen ökologischen Ethik zufolge niemals ein einzelner Mensch oder eine besondere Gruppe von Menschen oder auch eine spezifische Generation. Vielmehr ist dieser Träger ausschließlich die Menschheit als ganze. Für jeden einzelnen Teil der Menschheit – sei dies nun ein Individuum, eine Gruppe oder eine Generation – bedeutet dies, dass das ihm zugesprochene Verfügungsrecht sich prinzipiell von einem Besitzrecht unterscheidet. So schließt es das Recht auf Gebrauch der Natur ein; den Verbrauch – oder gar die Zerstörung – der Natur, etwa durch eine bestimmte Generation, schließt es dagegen prinzipiell aus.

In diesem Sinne argumentiert etwa Höffe wie folgt: Da die Natur als Allmende der Menschheit als ganzer zu gelten hat, gilt auch: „(...) dass derjenige, der eine Umweltzerstörung vornimmt, an der Allmende der Menschheit ein Eigentumsdelikt begeht".[1]

Eine „intergenerationelle" (ökologische) „Gerechtigkeit" erfordert, dass jede Generation von Menschen sich ernsthaft bemüht, den jeweils folgenden den gemeinsamen Besitz „Natur" in einem guten Zustand zu vererben. Ähnlich argumentiert auch

---

1 O. Höffe: Moral als Preis der Moderne, Frankfurt 1993, 174.

Birnbacher. Die zentralen Lehrmeinungen dieser humanistisch begründeten ökologischen Ethik lassen sich daher wie folgt zusammenfassen: Rechtsethisch ist gefordert, dass sich der Zustand der Natur im Wechsel der Generationen zumindest nicht verschlechtert; tugendethisch scheint darüber hinaus wünschenswert, dass sich dieser Zustand im Vererbungsprozess verbessert. Jedenfalls aber soll nach dieser Argumentation – bei Höffe und bei Birnbacher – die Natur *um des Menschen willen* geschont werden.

Ihr steht eine Denkungsart gegenüber, die erst angesichts der „ökologischen Krise" virulent geworden ist, und die ein radikaleres Umdenken bezüglich des Verhältnisses von Mensch und Natur fordert. Der diese „naturalistische" ökologische Ethik leitende Grundgedanke ist derjenige, dass die moralische Verpflichtung zu einem schonenden Umgang mit der Natur sich schon aus dem Wert-Status der Natur selber – etwa aus ihrer „Würde", ihren eigenen „Interessen" oder ihren „Rechten" – und nicht erst aus ihrem Status als gemeinsamer Besitz der Menschheit ergebe. Hier soll also die Natur *um ihrer selbst willen* geschont werden.

Das geforderte Umdenken ist wirklich radikal: Es wird dem Menschen zugemutet, dass er die Natur nicht etwa bloß deshalb schont, weil sie nicht ihm allein, sondern der Menschheit als ganzer gehört. Vielmehr soll der naturalistisch denkende Mensch in der Natur selber einen Wert (an sich) sehen, der um seiner selbst willen geschont und verteidigt zu werden verdient.

Ich will im Folgenden der Frage nachgehen, ob dies dem real existierenden Menschen sinnvoll zugemutet werden kann. Dabei werde ich mich des Vokabulars und einiger Grundvorstellungen der skeptisch-moralistischen Tradition der Philosophie bedienen: Ich werde fragen, ob der Versuch einer Harmonisierung der Pflichten gegenüber der Natur und der Pflichten gegenüber den Menschen nicht auf einer Fehleinschätzung der condition humaine beruhe: Vielleicht, so die These, sind für den real existierenden Menschen Menschenwürde und Würde der Natur letztlich unvereinbar und es gibt keine überzeugenden Kriterien dafür, wessen Würde im Konfliktfall geopfert werden muss.

2 Private und gesellschaftliche Verantwortung

Das ökologische Projekt einer „Rettung der Natur" fordert mehr als eine gute ökologische Gesinnung. Vielmehr scheint gefordert, dass jeder Handelnde seine jeweilige Handlungsentscheidung auch bezüglich ihrer (vorhersehbaren und unvorhersehbaren) Folgen prüft und/oder verantwortet. Ökologische Ethik scheint also eher dem Gedanken der Verantwortungs- als dem der Gesinnungsethik nahe zu stehen. Für das verantwortungsethische Denken aber ist der Zusammenhang von Wissen und Gewissen wesentlich. Nicht das gute Gewissen als solches, sondern allein das systematisch aufgeklärte Gewissen, das auf einschlägigem Wissen ruhende gute Gewissen kann hier als „sanftes Ruhekissen" gelten. Dies impliziert eine moralische Verpflichtung zur Steigerung des ökologischen Wissens.

Bei der Einbeziehung der Folgen einer Handlung in deren ethische Bewertung leuchtet zwar intuitiv die Verantwortung des Handlungsträgers eher ein, wenn diese Folgen als vorhersehbar gelten können als wenn sie sich der Prognosefähigkeit des Handelnden zu entziehen scheinen. Grundsätzlich aber kann man auch eine Verantwortung jenseits der Prognosegrenzen behaupten. Das ist nicht notwendig ein Anzeichen für einen „ethischen Heroismus". Vielmehr kann darin ein Mittel zur Verhinderung des systematischen Missbrauchs eines (eventuell absichtlich kultivierten) Wissensdefizits gesehen werden. Es stellt sich nämlich die Frage, ob man denn tatsächlich weniger Verantwortung hat, wenn man sein jeweils einschlägiges (ökologisches) Wissen etwa sogar bewusst gering hält.

Unabhängig von einer solchen simulierten Unschuld aber zeigt sich hier ein ernsthaftes Problem in der Grundlegung der ökologischen Ethik. Dieses Problem ist ein doppeltes:

1. Offensichtlich sind die Wissensgrenzen verschiedener Menschen in verschiedenen Bereichen durchaus natürlicherweise unterschiedlich. Entsprechend unterscheiden sich daher auch die Grenzen ihrer jeweiligen Prognosekompetenz. Müssen sich dann aber nicht auch die Grenzen der Verantwortung verschieben? Ist Verantwortung auch in dem Sinne also ein „individuelles Phänomen", dass jeder seine je spezifische (ökologische) Verantwortung hat? – Je mehr ein Einzelner weiß, umso größer ist auch seine Verantwortung. Ist dann aber nicht aus Gerechtigkeitsgründen eine Verpflichtung zur systematischen Kultivierung ökologischen Wissens zu fordern?

Dies scheint nicht die Konsequenz zu sein, die unsere Gesellschaft aus dieser Lage zieht. Wie in anderen Zusammenhängen erweist sie sich auch in ökologischen Fragen als eine durch die *Kultur des Expertentums* geprägte Gesellschaft. Angesichts der Komplexität ökologisch relevanter Entscheidungen scheint nur noch der Experte kompetentes Handeln entwickeln zu können.

2. Das ökologisch relevante Handeln ist zu einem wesentlichen Teil nicht persönliches, sondern „öffentliches", politisches Handeln. – Ist bei ökologischen Versäumnissen entsprechend in der Regel nicht der „Einzelne", sondern die „Gesellschaft" schuld? – Hans Lenk und Günter Ropohl sehen vor dem Hintergrund dieser nahe liegenden Vermutung die zentrale Aufgabe der ökologischen Ethik in der Beantwortung der Frage, „ob ein guter Umgang mit den technischen Möglichkeiten eher von individueller Sittlichkeit oder eher von neuen gesellschaftlichen Regeln zu erwarten sei."[2] – Lässt sich ökologische Verantwortung delegieren? Auch hier gilt: Nicht die Entscheidungsträger können die Kompetenz ihres Handelns garantieren. Auch sie verlassen sich notwendig auf die Kompetenz der sie beratenden Experten.

[2] H. Lenk / G. Ropohl (Hg.): „Einführung" in: Technik und Ethik, Stuttgart 1987, 13.

In der ökologischen Ethik sind also sehr bald die Grenzen der Entscheidungskompetenz der Nicht-Experten, seien diese Privatpersonen oder polische Entscheidungsträger, erreicht. Viel dramatischer als in anderen ethisch relevanten Zusammenhängen greift in das ökologische Handeln die Notwendigkeit einer Delegation von Verantwortung ein. Deren Kehrseite aber ist der Zwang, sich den Einschätzungen und Urteilen der Experten auszuliefern. Können wir den Experten aber wirklich vertrauen? Was wissen sie wirklich? Wie kann man sie kontrollieren? Wie also ist eine Diktatur der (Öko)Experten zu vermeiden?

3 Naturalistische Ethik: Würde des Menschen versus Würde der Natur.

Wenn zur Würde des Menschen etwa sein Recht auf freie Fortpflanzung gehört, wenn dazu auch sein Recht gehört, so lange wie möglich zu leben, so zeigt sich schon bei einem ersten Blick auf die Würde des Menschen, dass ihre Wahrung zu einer möglicherweise unerträglichen Belastung für die Würde der Natur werden kann. Denn: Wie viele Menschen können in und von der uns zugänglichen Natur leben, ohne dass diese zum hilflos ausgelieferten Reservoir der Mittel unserer physischen Subsistenz degradiert werden muss? Muss da nicht um der Würde der Natur willen die Würde des Menschen beschnitten werden? Darf man das?

Hans Jonas hat in seinem wichtigen Buch „Das Prinzip Verantwortung“ die in diesem Zusammenhang bedeutsame These vertreten, dass im Falle eines Konflikts zwischen der Würde des Menschen und der Würde der Natur die erstere den Vorrang habe und ihn auch behalten müsse: „In der Wahl zwischen Mensch und Natur, wie sie sich im Daseinskampf immer wieder stellt, kommt allerdings der Mensch zuerst und die Natur, auch wenn ihre Würde zugestanden ist, muss ihm und seiner höheren Würde weichen.“[3]

Allerdings schränkt Jonas angesichts der neuen Möglichkeit einer vollständigen oder wenigstens weitgehenden technischen Zerstörung der Natur diese „absolute“ „Pflicht zum Menschen“ insofern ein, als er die Pflicht „zur Natur als der Bedingung der eigenen Fortdauer und als einem Element seiner eigenen existentiellen Vollständigkeit“ in diese absolute Bindung des (individuellen und gesellschaftlichen) Handelns an die Würde des Menschen integriert. Diese Neu-Interpretation einer Maxime der klassischen (etwa der Kantischen) Ethik muss man wohl wie folgt verstehen:

Die Teilhabe und Teilnahme an der Natur hat immer schon zu den Bedingungen der existentiellen Vollständigkeit des Menschen gehört. Zum Schutz der Würde des Menschen gehörte also auch immer schon die Wahrung der Würde der Natur. Diese war in den vor-technologischen Zeitaltern der Auslieferung des Menschen an die Gewalten der Natur allerdings auch niemals ernsthaft gefährdet. Schon eher – so möchte ich sagen – war unter diesen Bedingungen die Würde des Menschen selber gefährdet

[3] H. Jonas: Das Prinzip Verantwortung, Frankfurt 1984, 246.

und zwar vor allem durch die immer wieder zerstörend in das menschliche Handeln und Produzieren eingreifende Gewalt der Natur: Schwierige Lebensbedingungen in unwirtlichen Gegenden der Welt, die mittelfristige Unvorhersehbarkeit natürlicher Vollzüge wie z.B. Wetterentwicklungen, das plötzliche Auftreten zerstörerischer Naturgewalten wie Stürme, Erd-/Seebeben und Vulkanausbrüche, ferner das Ausgeliefertsein der Menschen an tödliche Seuchen und vieles andere mehr machen deutlich, dass das Verhältnis der Natur zum Menschen nicht schlicht darin besteht, dass diese dem Menschen eine behagliche Heimat bietet. Die Natur ist eben wirklich nicht das Paradies; und deshalb musste es die Technik geben, um die natürliche Umwelt menschenfreundlicher zu gestalten, unwirtliche Gegenden bewohnbarer und natürliche Vollzüge vorhersehbarer zu machen. Es musste den Versuch geben, technischen Schutz gegen die zerstörerischen Kräfte der Natur und medizinischen Schutz gegen die Tödlichkeit der Seuchen zu schaffen.

Die Lage hat sich inzwischen geändert: Aber noch immer ist es eine wohl bloß durch ein schlechtes Gewissen provozierte Übertreibung, wenn gesagt wird, die Technik habe inzwischen zu einer vollständigen Beherrschung der Natur geführt: Noch immer sind keineswegs alle unwirtlichen Gegenden der Welt für Menschen bewohnbar geworden, noch immer sind der Prognose natürlicher Entwicklungen relativ enge Grenzen gesetzt und auch der technische und medizinische Schutz des Menschen gegen seine Auslieferung an Naturgewalten und Seuchen ist keineswegs vollkommen. Und doch stimmt auch: Schon jetzt, während der Mensch noch erst auf dem Wege ist, sich die Welt im soeben skizzierten Sinne „untertan zu machen“, scheint die Natur schon durch die bereits vollzogenen Eingriffe des Menschen nicht nur in ihrer Würde, sondern in mancher Hinsicht bereits in ihrer Substanz gefährdet zu sein: Lebenswichtige Wälder werden durch den Menschen zerstört, die Abgase von Industrie und Automobil gefährden unsere Atmosphäre, das Erdklima droht sich gefährlich zu verändern.

Experten sprechen gleichzeitig, aber bezüglich verschiedener Regionen der Erde, von einer unvermeidlichen Überschwemmung (wegen des Abtauens des Polareises) und einer sich nähernden Versteppung bisher fruchtbarer Regionen (wegen des Ansteigens der globalen Temperatur).

Vor dem Hintergrund solcher Katastrophenszenarien wirken dann gelegentlich nicht nur private, sondern auch öffentliche Maßnahmen zum Schutze der Umwelt fast rührend hilflos. Dieser Eindruck von Hilflosigkeit scheint mir nun nicht einfach ein Ausdruck der Diskrepanz von Methode und Aufgabe zu sein, wie er entsteht, wenn man zum Beispiel mit einem einzigen Eimer Wasser ein Großfeuer zu löschen sucht. Er geht meines Erachtens vielmehr darauf zurück, dass das Handeln des Menschen zum Schutze der Natur sich partiell auch immer gegen den Menschen selber und seine unmittelbaren Interessen richtet. Hilflos ist der hier Handelnde also vor allem deshalb, weil er nicht weiß, ob es in einer gegebenen Situation wichtiger ist, langfristigen Interessen der Natur oder kurz- bis mittelfristigen Interessen der Menschen gerecht zu werden.[4]

Dieser Grundkonflikt lässt sich wie folgt formulieren: Um seine eigene Würde zu wahren, muss der Mensch jetzt die Würde der Natur gegen die Produktionen und Verfahren seiner eigenen Technologien schützen, welche er ursprünglich gerade deshalb entwickelt hat und heutzutage zumindest teilweise deshalb weiterentwickelt, weil er seine eigene Würde gegen die Gewalt oder wenigstens gegen die Unwirtlichkeit der Natur schützen will. Um seine Würde zu wahren, muss der Mensch beim Schutz der Würde der Natur sich zumindest tendenziell und partiell auch gegen seine eigene Würde wenden. Das verständliche Resultat ist die gerade beschriebene Hilflosigkeit.

An diese Skizze der Problemlage lässt sich mühelos die philosophisch relevante Frage anschließen, wie die condition humaine das grundsätzliche Verhältnis von Natur und Mensch vorbestimmt hat. Dies kann hier nicht in allen seinen verschiedenen Aspekten beschrieben werden. Ein Gesichtspunkt aber scheint mir für die hier diskutierte Problematik besonders relevant zu sein: Nur weil die Natur nicht von Hause aus menschenfreundlich ist, wurde die Technik als Mittel der Naturbewältigung gemäß dem Prinzip der Menschenwürde überhaupt notwendig. Andererseits gilt auch: Nur weil es Technik gibt, ist die Würde der Natur heute gefährdet.

Dieses dialektische Verhältnis von Menschenwürde und Würde der Natur ist für jede Ethik ein Problem, die ökologisch sein will, weil dies ja u. a. heißt, dass die Natur nicht nur um ihres materiellen Nutzens für den Menschen willen, sondern – im soeben erläuterten, wohlverstandenen Sinne – um ihrer selbst willen vor der Zerstörung durch die Technik geschützt werden soll. Insoweit ist nämlich eine ökologische Ethik grundverschieden von einer anthropozentrischen utilitaristischen Ethik der kontrollierten Naturbewältigung.

Die Situierung des Phänomens Technik in das Zentrum der dialektischen Spannung von Menschenwürde und Würde der Natur und deren Geschichte formuliert, wie ich sagen will, die „existentielle" Bedingung für ökologische Verantwortung. Diese ist ihrerseits die ontologische Voraussetzung für die Formulierung eines jeden möglichen ökologisch-ethischen Imperativs. Dieser wird nämlich Rechtfertigung und Überzeugungskraft nur in dem Maße erreichen, in dem er der existentiellen Ambivalenz der Technik gerecht wird.

Von daher ergibt sich leicht, wie die Formulierung des gesuchten Imperativs nicht lauten darf:

1. Der gesuchte Imperativ darf nicht den technischen Fortschritt absolut setzen, indem er aus dem Können das Sollen folgert. Lenk und Ropohl sprechen in die-

[4] Zum hierher gehörenden Problem des „positiven weltgeschichtlichen Sinns der Technik" vgl: H. Beck: Kulturphilosophie der Technik. Perspektiven zu Technik – Menschheit – Zukunft. Trier, 2. Aufl. 1979, insbes. Kap. 2, 48 – 72.

sem Sinne von einem „technologischen Imperativ."[5] – Ein solcher Imperativ wird der Ambivalenz der Technik insofern nicht gerecht, als er implizit unterstellt, das technisch Mögliche sei, zumindest in „letzter Instanz", identisch mit dem sittlich Guten.

2. Der gesuchte Imperativ darf andererseits auch nicht den technischen Fortschritt verhindern, indem er technisches Handeln verbietet, dessen Folgen noch nicht als „harmlos" nachgewiesen sind. K. D. Alpern formuliert so das Prinzip der Verantwortung des Ingenieurs. Ein solcher Imperativ wird in meiner Sicht allerdings der Ambivalenz der Technik insofern nicht gerecht, als er die grundsätzliche Zweideutigkeit allen „Fortschritts" ignoriert und nicht erlaubt, im Ausprobieren technischer Möglichkeiten Vorteile und Nachteile von Veränderungen konsequent gegeneinander abzuwägen.

Bei Alpern kommt allerdings noch das weitere Problem hinzu, dass er dem Ingenieur abverlangt, „bereitwillig größere persönliche Opfer zu bringen, als sie üblicherweise von anderen Individuen erwartet werden."[6]

Allerdings ist bei meinem Gegen-Plädoyer für das Ausprobieren technischer Möglichkeiten wiederum von vorneherein zu bedenken, dass manche dieser Experimente unumkehrbare Resultate zeitigen; insoweit ist dann ein großes Experimentieren in der Natur nicht mehr wirklich ein bloßes Ausprobieren von Handlungsmöglichkeiten, sondern erweist sich sehr häufig als das Schaffen unaufhebbarer Fakten. Dies schränkt ein verantwortbares Plädoyer für das „trial and error"-Verfahren im technischen Umgang mit der Natur erheblich ein.

Positiv ergibt sich aus diesen Überlegungen die Einsicht, dass der gesuchte Imperativ einen Ausgleich zwischen den beiden beschriebenen Polen technologischer Ambivalenz möglich machen muss und darüber hinaus einen Maßstab für die zuzulassende Verletzung der Würde der Natur um des Menschen willen festzulegen hat bzw. wenigstens zu formulieren erlaubt. Seiner formalen Ausrichtung nach müsste der gesuchte Imperativ daher ungefähr die folgende Struktur haben: „Verletze in deinem technischen und pragmatischen Umgang mit der Natur deren Würde nur in dem Masse, wie es die Wahrung deiner eigenen Würde und der der Menschheit insgesamt erfordert."

Der auch bei Hans Jonas noch deutlich werdende Rest an Anthropozentrik in der ökologischen Ethik ist deshalb einerseits offensichtlich ebenso unvermeidlich wie er andererseits willkürlich zu sein scheint. Der paradoxe Eindruck von Unvermeidlichkeit einerseits und Willkür andererseits ist in meiner Sicht eine Konsequenz der Problemlage als solcher: Willkürlich ist die Orientierung an der Würde des Menschen, insbesondere an bestimmten Formulierungen derselben, deshalb, weil prinzi-

[5] Lenk / Ropohl, a. a. O., 7.

[6] K.D. Alpern: „Ingenieure als moralische Helden." In: Lenk / Ropohl, a.a.O., 179.

piell natürlich auch eine natur-zentrierte ökologische Ethik möglich wäre oder auch die Würde des Menschen so weit der Würde der anderen Naturwesen angepasst werden könnte, dass kein spürbarer Konflikt mehr aufträte. Aber kann der Mensch denn „leben wie ein Hund"? Es scheint so, als könne man dies im Rahmen einer ökologischen Ethik nicht als Postulat festschreiben, wenn auch dieser Satz die tatsächlichen Lebensbedingungen von vielen Menschen in der Dritten Welt auch jetzt schon beinahe zutreffend beschreibt.

Notwendig ist die Orientierung an einer wie auch immer gearteten Vorstellung von der Würde des Menschen für eine ökologische Ethik dann, wenn es eine Ethik sein soll, die, wie ich eingangs formulierte, den tatsächlichen Handlungsbedingungen der Menschen und seinen „natürlichen" Handlungsimpulsen gerecht werden soll. Es entspricht diesen Impulsen nämlich in keiner Weise, wenn eine ökologische Ethik dem Menschen abverlangt, er solle seine eigene Würde der Würde der Natur opfern.

Wenn nun aber der Verdacht nicht zurückgewiesen werden kann, dass das gesamte Projekt einer Harmonisierung von Menschenwürde und Würde der Natur unrealistisch ist, dann fehlt jedweder Formulierung des ökologischen Imperativs die Verankerung in der realen Handlungssituation der Menschen, von der aus allein mit einer Verwirklichung ihrer Postulate gerechnet werden könnte. Mit anderen Worten: Es scheint hier so, als müsse jede ökologische Ethik als obsolet eingestuft werden, die den Grundgedanken der ökologischen Skepsis, dass nämlich Menschenwürde und Würde der Natur möglicherweise letztlich unvereinbar seien, unwiderlegt verdrängt hat. Das erste Erfordernis bei der Grundlegung einer pragmatisch aussichtsreichen ökologischen Ethik ist demnach die überzeugende Zurückweisung dieses skeptischen Gedankens. Ist eine solche Zurückweisung aber überhaupt möglich?

4 Krieg oder Frieden?

In dem martialischen Vokabular Meyer-Abichs kann man die mit der skeptischen Frage aufgeworfene Problematik wie folgt formulieren: Ist ein Frieden zwischen Mensch und Natur wirklich möglich oder führt die Unvereinbarkeit von Menschenwürde und Würde der Natur unvermeidlich zu einem Krieg zwischen beiden, der deshalb tragisch genannt werden müsste, weil der Mensch im Verlauf dieses Krieges gegen die Natur zwangsläufig auch die eigenen Lebensgrundlagen zerstören würde?

Meyer-Abich glaubt nun „Wege zum Frieden mit der Natur" – gefunden zu haben.[7] Können seine Argumente aber den ökologischen Skeptiker überzeugen? – Bei der Beantwortung dieser Frage konzentriere ich mich zunächst auf die mit den Metaphern „Krieg" und „Frieden" zusammenhängenden Beschreibungen der Konflikte zwischen menschlichen und „natürlichen" Interessen.

---

[7] K. M. Meyer-Abich: Wege zum Frieden mit der Natur. Praktische Naturphilosophie für die Umweltpolitik, München / Wien 1984.

Meyer-Abichs Ausgangspunkt ist die Einsicht, dass es zwischen Mensch und Natur eine Vielzahl von Interessengegensätzen gibt, von denen zumindest einige auch als unaufhebbar eingestuft werden müssen. Sein nächster Schritt ist dann die These, zur Ermöglichung des angestrebten Friedens mit der Natur sei die Aufhebung dieser Interessengegensätze aber auch gar nicht notwendig. Krieg, so lässt sich der Grundgedanke formulieren, ergibt sich nicht zwangsläufig dann, wenn zwischen zwei Parteien unaufhebbare Interessengegensätze bestehen. Krieg ist vielmehr nur eine von verschiedenen möglichen Formen der Austragung eines gegebenen Interessenkonflikts und daher – zumindest prinzipiell – auch immer vermeidbar.

Diesen richtigen Gedanken präzisiert Meyer-Abich dahingehend, dass der Unterschied zwischen Krieg und Frieden markiert werde durch die Anwendung von bzw. den Verzicht auf *Gewalt*. Der angestrebte Frieden erfordert also, „dass gegensätzliche Interessen nicht gewaltsam geltend gemacht werden".[8]

So wird der Begriff der Gewalt als Markierung der Grenze zwischen erlaubter und unerlaubter Verletzung der Würde der Natur bei Meyer-Abich zu einem Zentralbegriff der ökologischen Ethik. – Der Skeptiker hört dies mit Interesse; denn sogleich fällt ihm auf, dass hier ein Terminus der Rechtsphilosophie in einem Bereich Anwendung findet, in dem traditionellerweise von Rechtsansprüchen nicht die Rede war, nämlich ihm Verhältnis von Mensch und Natur. Das genau aber ist auch Meyer-Abichs Absicht: Er möchte das Verhältnis von Mensch und Natur verrechtlichen; es geht ihm darum, diejenigen Forderungen der Natur gegenüber dem Menschen festzuschreiben, auf deren Erfüllung die Natur seiner Meinung nach einen Rechtsanspruch gegenüber dem Menschen hat.

Damit die Forderung einen Sinn macht, dass der Natur keine Gewalt angetan werden darf, muss jedenfalls prinzipiell festgestellt werden können, wann ein solcher Fall von Gewaltanwendung gegen die Natur vorliegt. Woran also kann die Anwendung von Gewalt in diesem besonderen Fall erkannt werden?

Der Fall liegt verhältnismäßig einfach bei den herkömmlichen Rechtssubjekten, den Menschen: Diese haben einen freien Willen und können in aller Regel ihr Wollen auch sprachlich zum Ausdruck bringen. (Analoges gilt für formale Rechtsubjekte wie Gesellschaften, Staaten etc.) In Bezug auf solche Rechtssubjekte ist die Frage der Erkennbarkeit von Gewaltanwendung daher auch leicht zu beantworten: Hier spricht man von der Anwendung von Gewalt gegen ein Subjekt dann, wenn diesem gegen seinen eigenen (erklärten) Willen irgendeine Handlung oder eine Zustandsänderung aufgezwungen wird.[9]

Bei der Natur als Rechtssubjekt scheinen dagegen beide relevanten Bezugspunkte

---

8 A. a. O. 136.

9 Natürlich gibt es auch Situationen, in denen Menschen keinen – uneingeschränkt – freien Willen haben und daher nicht leicht auszumachen ist, wann man ihnen Gewalt antut. Das ist aber wirklich nur eine der Ausnahmen, die eine gültige Regel bestätigen.

der Rede von einer „Gewaltanwendung" prinzipiell zu fehlen. Denn: Kann sinnvoll gesagt werden, auch die Natur habe einen freien Willen? – Wenn wir nun unterstellen, man könnte dies sinnvoller Weise behaupten; kann man dann zusätzlich auch noch annehmen, die Natur sei in der Lage, ihren freien Willen den „Menschen guten Willens" unmissverständlich mitzuteilen?

Meyer-Abich spricht von einer „natürlichen Rechtsgemeinschaft" von Mensch und Natur. Aber ist eine solche Rechtsgemeinschaft nicht eine Fiktion, die lediglich darüber hinwegtrösten soll, dass man, da die Natur eben kein Rechtssubjekt werden kann, sich zwischen den zwei unliebsamen Alternativen entscheiden muss, entweder den „naturgerechten Menschen" oder die „menschengerechte Natur" (beides aber aus der Sicht des Menschen) zu verwirklichen?

5 Naturgerechter Mensch oder menschengerechte Natur?

Vielleicht spielt der Skeptiker auch im Bereich der ökologischen Ethik die Rolle, die er im Kontext der philosophischen Anthropologie – etwa im Rahmen der innerhalb der deutschen Tradition leider weitgehend vergessenen moralistischen Tradition – schon Jahrhunderte lang gespielt hat: nämlich die des *realistischen Humanisten*. Der realistische Humanist ist idealistischen Ethikern zumindest in der Hinsicht überlegen, dass er seine moralischen Anforderungen nicht auf einen Menschen zuschneidet, den es nur als idealisierendes Konstrukt seiner eigenen philosophischen Spekulationen gibt. Der Begriff der condition humaine, auf den ich im Rahmen dieser Überlegungen schon mehrfach zurückgegriffen habe, stammt aus dieser moralistischen Tradition und schreibt die Perspektive fest, unter der allein auch eine ökologische Ethik pragmatische Relevanz bekommen kann: Jede solche Ethik muss den Menschen zunächst akzeptieren, wie er ist; jede solche Ethik muss auch die Natur nehmen, wie sie für den Menschen wirklich ist. Idealisierungen beider Bezugsobjekte oder ihrer Beziehung zueinander machen auch die ökologische Ethik von vorneherein fragwürdig.

Ist dies so einleuchtend aber nur deshalb, weil es auch trivial ist? – Trivial ist es schon deshalb nicht, weil in der ökologischen Ethik von Idealisierungen des Menschen und den sich daran anschließenden Illusionen über die Chancen der Bewältigung eines Interessenkonflikts zwischen Mensch und Natur aus der Einstieg in langfristige Umweltprojekte genommen wird.

Dennoch: Erlaubt der hier als Alternative vorgeschlagene realistische Humanismus überhaupt noch etwas anderes als das Abwarten des tragischen Endes eines unvermeidlichen Krieges zwischen Mensch und Natur?

Dies ist eine mögliche (sozusagen: melancholische) denkbare Lesart meiner Überlegungen Aber es ist auch noch eine ganz andere Deutung möglich. Diese aber erfordert die Verwirklichung einer Paradoxie, nämlich eine Vermittlung des realistischen Humanismus mit einer *utopischen Ethik der Naturbewältigung* Wie also lautet nun diese utopisch-realistische Lesart der Überlegungen? Ich schlage hierzu die folgenden Thesen-Formulierungen vor:

Hauptthese: Es wird niemals die menschengerechte Natur und auch nie den naturgerechten Menschen geben. – Deshalb gilt:

1. Man kann realistischerweise nicht erwarten, dass sich die real existierenden Menschen im Falle eines Konflikts zwischen ihren Interessen und denen der Natur im Sinne eines moralischen Heldentums grundsätzlich gegen ihre eigenen Interessen und für diejenigen der Natur entscheiden.
2. Man darf realistischerweise auch nicht erwarten, dass durch Veränderung der Selbstinterpretation des Menschen oder durch eine unvorhersehbare Verwandlung der Natur in ein Paradies die bislang unaufhebbar scheinenden Konflikte zwischen menschlichen und natürlichen Interessen aufgehoben würden.
3. Man darf schließlich realistischerweise auch nicht erwarten, dass in absehbarer Zeit unser Wissen über die Natur und damit auch unsere Kenntnis der Folgen unseres Handelns in der Natur so weit fortentwickelt werden, dass die idealistischer Weise gewünschte Form der Verantwortung auf der Basis gesicherten Wissens möglich würde.
4. Man darf allerdings utopischerweise hoffen, dass wir lernen werden, unsere eigenen Interessen nicht länger zum alleinigen Maßstab unseres Handelns zu machen.
5. Man darf utopischerweise auch hoffen, dass die uns möglichen Schritte der Selbstbescheidung ausreichen werden, um die Eskalation des Konflikts mit der Natur zum Krieg und damit zur Selbstzerstörung des Menschen zu vermeiden.
6. Man darf utopischerweise schließlich auch hoffen, dass wir in unserem Handeln in der Natur Risiken akzeptieren werden, die wir in unserem privaten und gesellschaftlichen Handeln schon seit langem akzeptieren: Dass wir nämlich eventuell fundamentale Fehler machen, weil wir nicht in ausreichendem Maße über einschlägiges gesichertes Wissen verfügen, um die Folgen unseres Handelns vorhersehen zu können.

Diese realistisch gebremste Utopie und diese bescheidene Form von Hoffnung mag wenig heroisch sein. Sie ist aber auch von dem hohlen Pathos der Aufforderung zum Opfergang weit entfernt, die zu Recht das zweiflerische Lächeln des Skeptikers hervorruft. Ich denke also, dass auch ein Skeptiker die hier vorgeschlagene Vermittlung von realistischer Anthropologie und utopischer Ethik der Naturbewältigung, d. h. also auch: diese Art der Schonung der Natur, wird akzeptieren können.

Politische und rechtstheoretische Skepsis

Die auf Widerruf gestundete Zeit
wird sichtbar am Horizont (...)
Es kommen härtere Tage.
(Ingeborg Bachmann)

Globalisierung, Fundamentalismus und Terror. Die Anschläge vom 11. September 2001 als Ereignis und Umbruch in Geschichte und Politik.

Am 2. September 2002, also ziemlich genau ein Jahr nach den spektakulären Terrorangriffen in New York und Washington titelte der „Spiegel“ mit Bezug auf dieses Ereignis und mit dem meistgezeigten Bild davon (das zweite Flugzeug im Anflug auf den noch nicht brennenden Turm der Twin Towers des World Trade Centers): „11. September 2001. Der Tag, der die Welt veränderte.“

In den folgenden Überlegungen will ich der Frage nachgehen, ob die in dieser Formulierung zum Ausdruck kommende Einschätzung der Bedeutung dieses Tages auch dann angemessen erscheint, wenn man die Ereignisse des 11. September 2001 in New York und Washington in spezifisch philosophischer Perspektive beschreibt und bewertet. Bei der Beantwortung dieser Frage lasse ich mich von einem kulturphilosophischen Gesichtspunkt einerseits und von einer ideologiekritischen Betrachtung andererseits leiten. Aus der Verknüpfung dieser beiden Perspektiven bei der Behandlung der im hier thematischen Kontext häufig an zentraler Stelle verwendeten Begriffe „Globalisierung“ und „Fundamentalismus“ ergibt sich in meiner Sicht nämlich ein Kriterium für die historische und die politische Bewertung der Terroranschläge als Ereignis und als Umbruch. Sie erscheinen dann u. a. als historische Ereignisse, die zu sichtbaren *politischen* Veränderungen geführt haben, deren *kulturgeschichtliche* Dimension aber bisher nur unzureichend gewürdigt wurde.

Das Gesamtereignis des 11. September 2001 lässt sich in meiner Sicht einleitend daher wie folgt bewerten:

(1) Der „11. September“ war ein weltgeschichtliches Ereignis, weil es die Weltpolitik der mächtigsten Nation der Erde, der Vereinigten Staaten von Amerika, nachhal-

tig verändert hat: Seither sehen sich die USA in einen „Krieg gegen den Terrorismus" gestellt und betrachten in dessen Niederringung ihre derzeitige weltgeschichtliche Aufgabe. Jürgen Habermas hat in einem Interview, das er drei Monate nach dem Ereignis (im Dezember 2001) in New York City gab, eine erste philosophische Bewertung dieses Ereignisses unter diesem politischen Aspekt gegeben, der ich mich in Wesentlichen anschließe: „Auch wenn der Ausdruck ‚Krieg' weniger missverständlich und, moralisch gesehen, weniger anfechtbar ist als die Rede von ‚Kreuzzug', halte ich die Entscheidung von Bush, einen ‚Krieg gegen den Terrorismus' auszurufen, sowohl normativ wie pragmatisch für einen schweren Fehler. Normativ gesehen wertet er diese Verbrecher zu Kriegsgegnern auf, pragmatisch kann man gegen ein schwer greifbares ‚Netz' keinen Krieg führen, wenn dieses Wort einen irgend bestimmten Sinn behalten soll."[1]

Die mir selber aber wesentlichere Perspektive ist die kulturphilosophische. Diese blieb in dem Interview so gut wie gänzlich ausgeblendet. Mit Bezug auf sie formuliere ich meine zweite These, um deren Erläuterung und Begründung es mir im Folgenden gehen wird:

(2) Der „11. September" an sich war noch kein Umbruch in der Geschichte. Vielmehr ist dieses Ereignis kulturphilosophisch erst angemessen zu bewerten, wenn man es seinerseits als (vorerst) spektakulärsten Ausdruck einer kulturgeschichtlichen Entwicklung deutet, die sich weit früher, allerdings auch viel stiller vollzogen hat. Diese kulturgeschichtliche Entwicklung hat zu tun mit der Engführung des Projekts Aufklärung einerseits und mit der Dynamik des Phänomens Globalisierung andererseits. – Genauer möchte ich die These vertreten, dass der 11. September 2001 selber zwar keinen weltgeschichtlichen Umbruch *darstellt*, wohl aber die *Chance* zu einem kulturgeschichtlichen Neubeginn bietet. Dieser Neuanfang sollte sich meines Erachtens vollziehen als eine Erneuerung des Projekts Aufklärung.[2]

1 Globalisierung, Fundamentalismus und der Kampf der Kulturen

„Globalisierung" wird in unserer Kultur überwiegend als ein zukunftsorientiertes ökonomisches Zauberwort und Entwicklungsprogramm verstanden, das „Wohlstand für die Welt" assoziieren soll. Für die Kritiker des Programms ist der Begriff dagegen mit einer Entdifferenzierung der Kulturen und einer globalen Fremdherrschaft der demokratisch, liberal und kapitalistisch geprägten Kultur des Westens verknüpft. Die Kritiker erwarten von der Globalisierung eine Zerstörung traditioneller Kulturen

1 Vgl.: J. Habermas: „Fundamentalismus und Terror." In: Der gespaltene Westen, Frankfurt 2004, 11-31, hier: 22.

2 Andere Aspekte dieses Problems habe ich bereits in einem thematisch verwandten Aufsatz behandelt: „Das Projekt Globalisierung und das Problem der Fundamentalismen", Aufklärung und Kritik 4/2011,73ff. – Aus diesem Text habe ich einzelne kürzere Passagen in den hier vorliegenden Aufsatz übernommen.

und deren Ersetzung durch einen oberflächlichen Wohlstand, der durch das Schlagwort „McDonald's für alle" zum Ausdruck gebracht wird.

Genauer lässt sich dieses Entwicklungsprogramm mit Klaus Müller durch die folgenden Charakteristika beschreiben:

1. Liberalisierung der Finanzmärkte
2. Abnahme der Effektivität nationaler Politik
3. Transnationale Fusionen
4. Massenmediale Verbreitung westlicher (Konsum-)Leitbilder
5. Anschwellende Migrationsströme
6. Grenzüberschreitende ökologische Gefahren[3]

Schon diese Beschreibung des Projekts „Globalisierung" macht in philosophischer Perspektive deutlich, dass es sich bei diesem Unternehmen nur noch um die Schrumpfform eines Reformprogramms handelt, das uns allen unter dem Titel „(Projekt) Aufklärung" bekannt ist. Dieses Kultivierungsprogramm aus dem 17. und 18. europäischen Jahrhundert hatte sich zum Ziel gesetzt, die traditionelle europäische Kultur durch eine neuartige Weltorientierung und Lebensform abzulösen. Das alte Europa war geprägt gewesen durch eine Dominanz religiöser Institutionen und der mit diesen zusammenhängenden politischen Mächte, die ihrerseits vorwiegend einen diktatorischen Zuschnitt hatten. Das neue Europa sollte demgegenüber auf *Prinzipien der Vernunft* gegründet werden. Zu diesen gehören: die Orientierung an Wissenschaft und Erfahrung statt an Religion und Offenbarung; die Herrschaft des ganzen Volkes (Demokratie) statt der Herrschaft Einzelner oder von Wenigen; die wechselseitige Kontrolle der staatlichen Institutionen statt der Absolutsetzung einzelner Verfassungsorgane.

Von Anfang an aber hat die Aufklärung, gemessen an einem noch näher zu beschreibenden kulturtheoretischen Ideal, nämlich dem des *Gleichgewichts der Kulturbereiche,* unter einem Geburtsfehler gelitten: Ihre Grundidee hätte die Zurückweisung der Vorstellung sein müssen, eine Kultur dürfe durch eines ihrer Teilgebiete beherrscht werden. Dass dieser Gedanke in der Aufklärung keine (entscheidende) Rolle gespielt hat, hatte in meiner Sicht fatale kulturgeschichtliche Konsequenzen, die sich bis zu den Terroranschlägen vom 11. September 2001 verfolgen lassen: An die Stelle der die traditionelle westliche Kultur dominierenden Institutionen Religion und Kirche sind in der Moderne so nämlich nacheinander andere die jeweils aktuelle Gestalt der Kulturen dominierenden Einzelbereiche der Kultur getreten. Wünschenswert aber wäre gewesen, dass *keines* der Kulturgebiete dominant gesetzt worden wäre. Jedes Kulturgebiet hätte sich nach seinen je eigenen Gesetzen und Wertvorstellungen selbständig entwickeln und so den Fortschritt der Gesamtkultur ermöglichen sollen. Die angestrebte wirklich aufgeklärte Kultur hätte also durch ein *Gleichgewicht der*

3 Vgl. K. Müller: „Globalisierung", Frankfurt 2002.

Kulturbereiche charakterisiert sein sollen. Richard Rorty spricht in diesem Zusammenhang von einer „Kultur ohne Zentrum.“:

„In den hier vorgelegten vier Essays werden Gründe genannt für die Auffassung, in der einer demokratischen Gesellschaft am ehesten entsprechenden Hochkultur gebe es kein feststehendes Zentrum. Zu den üblichen Anwärtern auf den Posten im Zentrum der Kultur zählen Religion, Wissenschaft, Philosophie und Kunst. (...) Die beste Art von Kultur wäre eine, deren Schwerpunkt ständig wechselte, je nachdem, welche Person oder Personengruppe zuletzt etwas Anregendes, Originelles oder Nützliches geleistet hat.“[4]

An diese Überlegung Rortys schließe ich die These an, sowohl die westliche als auch die muslimische Kultur seien de facto Kulturen mit einem (starren) Zentrum. Dies führe zu vielen inneren und äußeren Problemen, so auch zu der Verbiegung der fruchtbaren Konkurrenz zwischen ihnen zu einem unfruchtbaren „Kampf der Kulturen“. Anzustreben sei daher der Weg zu Kulturen ohne Zentrum oder die Verwirklichung des Ideals von Kulturen, in denen ein Gleichgewicht der Kulturbereiche besteht.

Terminologisch werde ich Kulturen mit einem starren Zentrum „fundamentalistisch“ nennen. Dies schließt die Behauptung ein, im Westen vollziehe sich seit vielen Jahrzehnten, zunehmend seit dem Zusammenbruch der kommunistischen Staaten, die Entwicklung zu einer spezifischen Form von Fundamentalismus, nämlich zu einer Kultur, deren alles beherrschendes Zentrum der Wertbereich der Ökonomie ist. Der so verstandene Begriff des Fundamentalismus ergibt sich demnach durch die Negation des oben formulierten kulturphilosophischen Ideals eines Gleichgewichts der Kulturbereiche. Üblicherweise wird „Fundamentalismus“ jedoch viel enger verstanden, nämlich als ein radikales und intolerantes, vor allem religiös geprägtes Denken, das seine Gegner mit allen Mitteln, auch mit denen physischer Gewalt gegen Unbeteiligte – das ist das zentrale Kennzeichnen der spezifisch terroristischen Gewalt – bekämpft. Auch Habermas bleibt in dem bereits zitierten Text innerhalb des Spannungsfelds dieses engen Begriffs von Fundamentalismus. Den Terminus „fundamentalistisch“ erläutert er darin wie folgt:

„Mit diesem Prädikat bezeichnen wir eine Geisteshaltung, die auf der politischen Durchsetzung von eigenen Überzeugungen und Gründen auch dann beharrt, wenn diese alles andere als allgemein akzeptabel sind. Dies gilt insbesondere für religiöse Glaubenswahrheiten.“[5]

Wenig später fährt er fort:

„Wenn sich ein zeitgenössisches Regime wie der Iran weigert, diese Trennung (der Religion von einer weltanschaulich neutralen Staatsgewalt, R.L.) zu vollziehen, oder wenn religiös

[4] R. Rorty: Eine Kultur ohne Zentrum. Vier philosophische Essays. Stuttgart 2002, 5.
[5] Habermas, a.a.O., 17.

inspirierte Bewegungen die Wiederherstellung einer islamischen Form von Theokratie anstreben, dann bezeichnen wir das als Fundamentalismus."[6]

Es scheint mir nun unzweifelhaft zu sein, dass die Attentäter vom 11. September 2001 einem solchen religiös inspirierten fundamentalistischen Denkmuster gefolgt sind. Allerdings ist in meiner Sicht die auch von Habermas aus der gängigen Diskussion einfach übernommene Bedeutung des Begriffs „Fundamentalismus" viel zu eng. Deshalb verwende ich „Fundamentalismus" im Folgenden in dem genannten viel weiteren Sinne, um diesen in seinem deskriptiven (ebenso wie in einem kritisch reflektierten wertenden) Gebrauch wertvollen Begriff für eine Debatte über *das anzustrebende Verhältnis der rivalisierenden Kulturen* fruchtbar zu machen. Nur so kann sich meiner Überzeugung nach auch eine Chance ergeben, das Programm der Globalisierung in kulturphilosophisch relevanter Weise in Frage zu stellen und zu erneuern.

Die real existierende Aufklärung hat das Ideal eines Gleichgewichts der Kulturbereiche bisher niemals und nirgendwo verwirklicht. Das liegt meiner Überzeugung nach an einem Geburtsfehler der Aufklärung. Diese hat nämlich von Anfang an die neodogmatische Überzeugung kultiviert, es gebe einen Kulturbereich, der allein den Wert aller anderen Kulturphänomene zu bestimmen in der Lage sei. Dieser Bereich sei die neuzeitliche Wissenschaft bzw. die dieser zugrunde liegende Form von Rationalität, nämlich eine empiristisch-mathematisch geprägte Form von Verstandeskultur – nicht von Vernunftkultur.

Damit wurden gleich zu Beginn der Aufklärung zwei Fehlentwicklungen eingeleitet, unter deren Folgen unsere Kultur auch heute noch leidet und die gerade im hier thematischen Zusammenhang einen ungünstigen Einfluss auf das Verhältnis der miteinander konkurrierenden Weltkulturen haben:

1. Der Glaube an die natürliche Dominanz des Kulturbereichs Wissenschaft hat die Grundlage geschaffen für vielfältige neue Formen von Fundamentalismen unter dem allerdings neuen Titel „Aufklärung". Ich werde dafür später noch einige Beispiele geben.
2. Die einseitige Kultivierung von Rationalität hat zu einer Deformation des modernen Menschen geführt, in deren Gefolge die Kultivierung von Rationalität mit einer Verwahrlosung der Emotionen bezahlt wurde. (Ich werde im Rahmen dieses Aufsatzes allerdings auf diesen zweiten Aspekt des aufklärerischen Geburtsfehlers nicht näher eingehen können. Dazu habe mich mich jedoch schon an anderen Stellen geäußert.[7])

Wegen des ersten Aspekts des Geburtsfehlers der Aufklärung haben immer wieder einzelne Kulturbereiche zu Lasten aller anderen eine dominante Stellung im Rahmen der jeweiligen Kultur erlangt. Ich gebe dafür nur einige wenige Beispiele: In kommu-

6 A. a. O. 18.
7 U. a. in: Der Ernst der Ironie, Würzburg 2002.

nistisch geprägten Kulturen z. B. wurden Politik und Weltanschauung zu den diese Kulturen dominierenden Faktoren; im kapitalistisch geprägten Westen hat die Wirtschaft diese Rolle inne; im Positivismus bzw. Szientismus galt nur, was die empirischen Wissenschaften als richtig akzeptierten. In der kurzen Phase des so genannten „Ästhetizismus" am Ende des 19. Jahrhunderts wurde die Meinung propagiert, letztlich solle als wertvoll nur dasjenige gelten, was ästhetischen Kriterien genügte, etc.

In allen diesen Erscheinungsformen hat sich die moderne („aufgeklärte") Kultur strukturell nicht von der europäischen Kultur des Mittelalters entfernt, in welcher König, Kirche und Religion dominant gewesen waren. An deren Stelle sind nur in munterem Wechsel andere dominante Kulturbereiche getreten: Wissenschaft und Technik, Politik, Kunst oder – wie in der gegenwärtigen westlichen Kultur – die Wirtschaft. Wir leben, so will ich sagen, unter dem Diktat eines ökonomischen Fundamentalismus. Genau diese These vertrat auch Jens Jessen, als er unter dem Titel „Fegefeuer des Marktes" in der „Zeit" vom 21. Juli 2005 behauptete: „Der neue Kapitalismus ist zu einer Weltanschauung geworden. Er begnügt sich nicht mehr mit der Wirtschaft. Er will unser Leben und Denken beherrschen."[8]

Diese einseitige Dominanz einzelner Kulturbereiche zu Lasten aller anderen scheint mir auch gegenwärtig das Grundübel der Entwicklung im Verhältnis der miteinander rivalisierenden Weltkulturen zu sein. Dass diese Einseitigkeit sowohl in der muslimischen als auch in der westlichen Kultur vorherrscht, spitzt in meiner Sicht die Konkurrenz der Kulturen zu einem „Kampf der Kulturen"[9] zu. In diesem Kampf stehen einander eine ökonomisch dominierte westliche und eine religiös geprägte östliche Kultur gegenüber.

Der Schritt von der Konkurrenz zum Kampf der Kulturen geht einher mit dem Streben der westlichen Kultur, ihre zentralen Prinzipien weltweit in Geltung zu setzen und mit dem gegenläufigen Streben der östlichen Kultur, ihre fundamentalen Werte überall zu realisieren.

Habermas versteht im Gegensatz zu meiner kulturtheoretischen Deutung den Konflikt der Kulturen eher völkerpsychologisch:

> „Für die arabische Welt sind die USA die treibende Kraft der kapitalistischen Modernisierung. Sie sind mit ihrem uneinholbaren Entwicklungsvorsprung, ihrer erdrückenden technologischen, wirtschaftlichen und politisch-militärischen Überlegenheit gleichzeitig eine Kränkung für das eigene Selbstbewusstsein und ein heimlich bewundertes Vorbild. Die westliche Welt dient insgesamt als Sündenbock für die eigenen, höchst realen Verlusterfahrungen, die eine aus ihren eigenen Traditionen herausgerissene Bevölkerung im Laufe radikal beschleunigter Modernisierungsprozesse erleidet."[10]

8 „Die Zeit", Nr. 30, 21. Juli 2005, 33f.
9 S. P. Huntington: Kampf der Kulturen, München 1998.
10 Habermas, a.a.O., 19.

Der Kern des Problems ist jedoch in beiden Deutungen das jeweilige *Dominanzstreben*. In Rhetorik und Argumentation drückt sich dieses als ein offener oder verborgener *Paternalismus* aus. Von diesem ist Habermas weder an der gerade zitierten Stelle noch in dem thematischen Interview insgesamt völlig frei. Auch darin zeigt sich in meiner Sicht die fundamentale Störung im Dialog der Kulturen: Dieses Gespräch wird auf beiden Seiten zu sehr von dem paternalistischen Prinzip beherrscht, man wisse besser als der betroffene Andere, was für diesen gut ist. In diesem Geist spricht auch Habermas wie selbstverständlich von dem „uneinholbaren Entwicklungsvorsprung" des Westens, von der „Kränkung des Selbstbewusstseins" der islamistisch geprägten Kulturen, ja sogar davon, dass diese Kulturen in den westlichen Konkurrenten ein „heimliches Vorbild" sähen.

Das hier offensichtlich werdende Überlegenheitsgefühl prägt sich aus als ein herablassender Gestus des Belehrenden gegenüber seinem Schüler. Es wird von der *dogmatischen* Überzeugung gespeist, man selbst habe die bessere Kulturoption anzubieten und sei daher berechtigt oder gar moralisch aufgefordert, die eigene Kultur global zu verbreiten. Globalisierungsstreben und Kampf der Kulturen hängen nur deshalb so eng zusammen, weil *auf beiden Seiten* Globalisierung mit dem Anspruch auftritt, ein moralisches Recht auf *Verdrängung* des Konkurrenten zu haben. Und Habermas selbst ist von dieser falschen Grundhaltung offensichtlich nicht völlig frei; wenngleich er im weiteren Verlauf des Interviews auch selbstkritischere Formulierungen findet.

Zu diesem fundamentalen Missverständnis des Verhältnisses der Kulturen ist aus philosophischer Sicht das Folgende zu sagen:

1. Die *Konkurrenz* zwischen Menschen, Institutionen, Kulturbereichen und auch Kulturen ist – wie wir spätestens seit Kants Lehre von der „ungeselligen Geselligkeit" wissen – unvermeidlich und fortschrittsfördernd. Insofern ist die Rivalität der Weltkulturen ein positiv zu bewertendes Faktum.
2. Entscheidend ist dabei jedoch die Art und Weise, wie diese Rivalität realisiert wird. In dieser Hinsicht leben wir z. Z. in einer Phase destruktiver Konfrontation der Kulturen.

Für diese negative Entwicklung sehe ich vor allem vier Gründe:

1. Konkurrenz setzt ein einigermaßen ausgewogenes Kräfteverhältnis auch der miteinander konkurrierenden Kulturen voraus. Das scheint mir im Verhältnis westlicher und östlicher Kulturen im Moment auf manchen Gebieten (wie dem ökonomischen und militärischen) nicht gegeben, auf anderen (wie dem kulturellen) nicht anerkannt zu sein.
2. Die Notwendigkeit des Verzichts auf die Anwendung jedweder Art von Gewalt wird von keiner der rivalisierenden Kulturen noch ernst genommen. In vielfältiger Form werden vielmehr physische, psychische und soziale (ökonomische) Gewalt

eingesetzt. Dabei kann im paternalistischen Gestus selbst bereits eine Form von subtiler psychischer Gewalt gesehen werden.

3. Die konkurrierenden Kulturen sind durch ein dogmatisches Selbstverständnis geprägt. Dogmatismus aber verführt schnell zu Dominanzansprüchen und anderen Formen von Selbstgerechtigkeit und Selbstgefälligkeit. Diesen Deformationen ist allein durch eine *Kultivierung von Skepsis* zu begegnen.
4. Die Kulturen sind jeweils in sich selber durch die Dominanz eines einzelnen Kulturbereichs geprägt. Daher erscheint Dominanzstreben auch im Verhältnis der Kulturen zueinander als allzu selbstverständlich.

In dieser Situation stellt sich die Frage, wie man eine weitere Zuspitzung des Konflikts vermeiden kann. Ein erster Schritt dazu kann in meiner Sicht in einer selbstkritischen Analyse der Rolle der westlichen Kultur im Rahmen dieses Konflikts bestehen. Zu dieser notwendigen Selbstkritik gebe ich im zweiten Teil meiner Überlegungen einige Anregungen.

2 Die Chance einer Erneuerung des Projekts Aufklärung

Unter dem Titel „Dialektik der Aufklärung" haben Horkheimer und Adorno schon vor mehr als fünfzig Jahren vor einigen spezifischen Gefahren der tatsächlichen Entwicklung des Projekts „Aufklärung" (der real existierenden Aufklärung) gewarnt:

1. Im Zuge der tatsächlichen Entwicklung der Aufklärung ist es zu einer Engführung des Vernunftbegriffs im Sinne ökonomischer Rationalität gekommen.[11]
2. Diese Dominanz hat zu einer schrittweisen Beherrschung anderer Kulturbereiche durch die Prinzipien ökonomischer Rationalität geführt. Horkheimer und Adorno verdeutlichen dies am Beispiel der von ihnen so genannten „Kultur-Industrie" und an der Beherrschung privater Sozialformen durch ökonomisch geprägtes Denken.[12]

Ich halte diese Analysen für richtig und glaube zudem, dass sich diese problematische Entwicklung in den letzten Jahrzehnten konsequent fortgesetzt hat. Für die Richtigkeit z. B. von Horkheimers und Adornos Kritik an der von ihnen treffend so genannten „Kulturindustrie" liefern die aktuellen Vermarktungsstrategien für Kulturgüter wie Musik, Literatur, Film, aber auch diejenigen für politische Positionen täglich viele Beispiele. Und dass unser Leben ein „beschädigtes" ist, zeigen u. a. die Redeweisen, mit denen wir seit einiger Zeit immer häufiger über romantische Beziehungen sprechen: So prüft man heutzutage z. B. seinen „Marktwert" auf dem „Markt" der Beziehungen, macht „Beziehungsangebote" und „investiert Gefühle in eine Bezie-

[11] M. Horkheimer/Th. W. Adorno: Dialektik der Aufklärung, Frankfurt 1981

[12] Vgl. zum letzten dieser Aspekte auch und vor allem: Th. W. Adorno: Minima Moralia, Frankfurt 1994

hung"; wenn die erwartete Beziehungsrendite ausbleibt, stirbt die Beziehung einen natürlichen Markttod wie ein unmodern gewordenes Produkt.

Die sich in solchen und ähnlichen Befunden zeigende *Tendenz zur Ökonomisierung unserer gesamten Kultur* hat zweifellos einen zusätzlichen Impuls bekommen, seit nach dem Zusammenbruch der sozialistischen Systeme die kapitalistisch geprägte Weltmacht USA ohne ein Gegengewicht die weitere kulturelle Entwicklung des Projekts Aufklärung bestimmen kann. Dieses Projekt scheint sich seither zunehmend auf das Programm einer ökonomisch dominierten Globalisierung zu verengen.

Unter diesen Umständen besteht tatsächlich die Gefahr, dass das Projekt Aufklärung sich verkehrt in einen ökonomisch geprägten Fundamentalismus im Westen, welchem im Osten unversöhnlich ein religiös geprägter muslimischer Fundamentalismus gegenübersteht.

Die Erklärung für die Brisanz dieser Konfrontation liegt in der fundamentalen Bedeutung kultureller Identitäten für die Lebens- und Sinnkonzeptionen von Individuen. Daraus ergibt sich, dass anstehende grundlegende kulturelle Veränderungen Ängste und Widerstände erzeugen. Zugleich ist mit allen solchen Veränderungen auch ein Machtkampf verbunden.

Aus der Perspektive der von einer kapitalistisch geprägten „Globalisierung" bedrohten Kulturen lässt sich deren Programm leicht diffamieren als der imperialistische *Kreuzzug* des westlichen Kapitalismus gegen alle noch nicht ökonomisch (kapitalistisch), sondern etwa religiös (muslimisch) geprägten Kulturen. Umgekehrt kann eine religiös geprägte Kultur leicht als vor-aufklärerisch und rückständig diffamiert werden. Die jeweils andere Kultur erscheint dann – wie in manchen Äußerungen beider Seiten deutlich wurde – als eine Form des Radikalen Bösen.

Eine solche Konfrontation ist unfruchtbar und gefährlich. Sie kann jedoch entscheidend entschärft werden durch eine *Kultivierung von skeptischer Selbstkritik*. Diese darf jedoch nicht nur von einer Seite gefordert werden. Vom muslimischen religiösen Fundamentalismus ist eine Öffnung für die Errungenschaften der Aufklärung zu fordern. Zugleich aber muss vom westlichen ökonomischen Fundamentalismus eine neue Art von Selbstbeschränkung verlangt werden; denn erst eine sich selber kritisch reformierende westliche Kultur ist mit den östlichen Kulturformen vermittelbar. Das sieht Habermas anscheinend ähnlich wie ich:

> „Im Verlaufe einer solchen Revision des Selbstbildes könnte beispielsweise der Westen lernen, was sich an seiner Politik ändern müsste, wenn er als eine *zivilisierende* Gestaltungsmacht wahrgenommen werden möchte. Ohne eine politische Zähmung des entgrenzten Kapitalismus lässt sich der verheerenden Stratifikation der Weltgesellschaft nicht beikommen."[13]

---

13 Habermas, a. a. O.,23.

Im Gegensatz zu Habermas halte ich das hier anstehende Problem aber weniger für eine politische als vielmehr für eine kulturtheoretische Aufgabe. In meiner Sicht ist daher die erste und wichtigste Frage diejenige, wie die drohende Verformung der westlichen Kultur in einen noch starreren ökonomischen Fundamentalismus verhindert werden kann, den der Westen dann statt des Projekts Aufklärung gerne exportieren möchte. Hier stimme ich Habermas wieder ausdrücklich zu, wenn er sagt:

„Der Westen begegnet ja anderen Kulturen, die ihr Profil der Prägung durch eine der großen Weltreligionen verdanken, allein mit der aufreizend banalisierenden Unwiderstehlichkeit einer materialistisch einebnenden Konsumgüterkultur. Geben wir es zu: Der Westen präsentiert sich tatsächlich in normativ entkernter Gestalt, solange er mit Menschenrechten nicht viel mehr als den Export von Marktfreiheiten im Sinn hat und im eigenen Hause der neokonservativen Arbeitsteilung zwischen religiösem Fundamentalismus und *entleerender* Säkularisierung freien Lauf lässt.“[14]

Das Bild einer entleerten westlichen Kultur findet sich interessanter Weise auch in Christa Wolfs Reflexionen zu den Ereignissen von 11. September 2001:

„Warum ist es mir, genau sechzehn Tage ist es her, so vorgekommen, jene beiden Türme stürzten direkt in das leere Zentrum unserer Zivilisation. (...) Und wenn (alle wesentlichen Grundzüge unserer aufgeklärten Kultur, R.L.) unter dem ‚Terror der Ökonomie‘ ihre Wirkungskraft im Abendland verloren hätten und nur noch als Schimären in uns weiterlebten? Und haben nicht immer mehr Menschen gespürt, dass diese unsere Zivilisation ausgehöhlt ist?“[15]

Ich vertrete nun eine dezidiert skeptische Form von Philosophie. Aus deren Sicht ist eine wesentliche Quelle des Misstrauens gegenüber anderen Überzeugungen das unangemessen große Vertrauen in die Richtigkeit der jeweils eigenen Position. Mangel an Selbstkritik führt nämlich allzu leicht zu Selbstverliebtheit und zur Verdammung der konkurrierenden Position(en). Was wir also vor allem brauchen, ist eine neue Kultivierung von *Selbstkritik*, die an die Stelle der immer deutlicher werdenden westlichen und östlichen *Selbstgefälligkeit* und *Selbstgerechtigkeit* treten muss. Die derzeitigen Selbstrechtfertigungen auf beiden Seiten – auch im Zusammenhang mit dem Irak-Krieg – sind Dokumente einer ans Lächerliche grenzenden Form von Selbstgefälligkeit und Selbstgerechtigkeit. Wir leben in einem Zeitalter selbstverliebter Dogmatismen, also weit jenseits des Programms der Aufklärung.

Die Aufklärung glaubte nur deshalb an eine quasi automatische weltweite Ausdehnung ihrer Prinzipien, weil sie sich auf ein Vermögen bezog, das ihrer Überzeugung nach alle Menschen miteinander verbindet, nämlich die menschliche Vernunft. Weil alle Menschen durch die gleiche Vernunft bestimmt sind, kann es in aufkläre-

---

14 Habermas, a. a. O., 19f.

15 Ch. Wolf: Mit anderem Blick, Frankfurt 2005, 178f.

rischer Sicht auch eine gemeinsame Weltkultur geben. Diese idealistisch angestrebte Rolle der Vernunft kann aber weder durch eine bestimmte Form von Religion noch auch durch irgendeine Art von Ökonomie realisiert werden. – Im Übrigen unterschätzt die real existierende Aufklärung, insbesondere in ihrer rationalistischen Variante, die Handlungs- und Entscheidungsmächtigkeit von Emotionen. Daher fehlt ihr auch weitgehend die Einsicht in die Notwendigkeit der Kultivierung von Emotionalität.

Deshalb ist in meiner Sicht die zentrale kulturelle Aufgabe der Gegenwart die konsequente innere Entwicklung beider konkurrierender Kulturformen zu einem internen *Gleichgewicht der Kulturbereiche*. Im Westen bedeutet dies vor allem eine wirklich kritische Überprüfung der realen Bedeutung ökonomischer Prinzipien und Werte im Rahmen unserer Kultur. Dass hier vieles zu tun ist, können wir nicht nur von der Frankfurter Schule lernen.

Ich habe keinen wirklichen Zweifel daran, dass eine der im Wesentlichen verwirklichten Projekte der Aufklärung die Entwicklung eines Weltethos ist. Dessen Formulierung kann zweifellos immer weiter verfeinert, mögliche Missverständnisse können diskutiert und hoffentlich ausgeräumt werden. Diese lobenswerten Bemühungen sind aber in meiner Sicht nicht entscheidend. Das zentrale Problem ist vielmehr die Frage danach, welchen Platz, welchen Stellenwert dem gemeinsam formulierten Ethos im Rahmen der verschiedenen gegenwärtigen Kulturformen zugebilligt wird. Bei den angesprochenen Neigungen zu Fundamentalismen besteht in dieser Hinsicht die Gefahr, dass die Forderungen eines Weltethos zwar im Prinzip anerkannt, im Konfliktfall jedoch tatsächlich ausgesetzt werden, weil sie, verglichen mit den jeweils dominierenden Kulturbereichen, natürlicher Weise einen geringen Stellenwert haben.

Was die westliche Kultur also unter dem Titel einer Globalisierung sinnvoller Weise zu exportieren hätte, wären weder ihre Wirtschaftsform noch ihr politisches System. Zu exportieren wäre vielmehr das Projekt Aufklärung. Bevor dies aber geschehen kann, muss dieses Projekt innerhalb der westlichen Kultur zuerst neu belebt und von dogmatischen und fundamentalistischen Engführungen befreit werden. Erst eine solchermaßen erneuerte und selbstkritisch reflektierte Form von Vernunftkultur ist exportwürdig. Hier wächst vor allem dem neuerdings gelegentlich so genannten „Alten Europa“ eine kulturgeschichtlich bedeutsame neue Rolle zu. Bei der Realisierung dieser Rolle ist wiederum sehr viel von Habermas zu lernen. Zu Recht stellt er einen Zusammenhang zwischen dem Scheitern der Kommunikation, dem Entstehen von Misstrauen und der Anwendung von Gewalt heraus:

„Die Spirale der Gewalt beginnt mit einer Spirale der gestörten Kommunikation, die über die Spirale des unbeherrschten reziproken Misstrauens zum Abbruch der Kommunikation führt."[16]

Im Verlaufe des von mir hier kommentierten Interviews nennt Habermas auch die wichtigste Bedingung für einen fairen Dialog zwischen den Kulturen: den Verzicht auf Paternalismus.[17]

Immer wieder aber hatte ich beim Lesen dieses Interviews jedoch den bereits erwähnten Eindruck, Habermas selber sei keineswegs frei von einer paternalistischen Haltung gegenüber dem islamistischen Fundamentalismus. Ich vermute, das liegt daran, dass er bei aller Kritik am kapitalistischen Westen doch davor zurückschrecken würde, analog zum religiös geprägten Fundamentalismus von einem ökonomischen Fundamentalismus zu sprechen. Erst die mit diesem Begriff verbundene Einsicht in die Fehlentwicklung des Projekts Aufklärung aber führt in meiner Sicht zur Nutzung der am 11. September 2001 eröffneten Chance eines kulturgeschichtlichen Umbruchs im Westen, nämlich zu einer Erneuerung des Projekts Aufklärung. Wie weit diese Erneuerung tatsächlich stattfindet, wird sich dann u. a. auch an dem Maße ablesen lassen, in welchem im Dialog zwischen den Kulturen von beiden Seiten auf Paternalismus verzichtet wird.

Identifizierung oder Orientierung? Zum Problem des kulturellen Sinns historischer Erfahrung.

In der zweiten Hälfte der achtziger Jahre des 20. Jahrhunderts wurde die Diskussion um Struktur und Funktion der Geisteswissenschaften in der Bundesrepublik durch zwei Thesen neu belebt, die auf den ersten Blick außer einer provozierenden Unbekümmertheit nichts gemeinsam zu haben scheinen. Gemeint sind hier die Überlegungen des Berliner Historikers Ernst Nolte, die den sogenannten Historikerstreit auslösten, und die vor allem durch die Formulierungskunst des Gießener Philosophen Odo Marquard geprägte Hypothese einer „Unvermeidlichkeit" der Geisteswissenschaften.[18]

Schon ein zweiter Blick auf die durch die angesprochenen Thesen provozierten Debatten offenbart dem aufmerksamen Betrachter aber weitere, nicht bloß formale oder äußerliche Ähnlichkeiten zwischen den hier präsentierten Denkmustern. Bloß äußerlich erscheinen zunächst die Tatsachen, dass der Historikerstreit in gleichen Jahren entbrannte, in dem auch Odo Marquard seine Thesen veröffentlichte (1985/86), und dass sowohl Nolte als auch Marquard ihre Thesen in rudimentärer Gestalt bereits

---

16 Habermas, a.a.O., 23.

17 Vgl. a.a.O., 28f.

18 O. Marquard: „Über die Unvermeidlichkeit der Geisteswissenschaften." Zukunft braucht Vergangenheit. Philosophische Essays, Stuttgart 2003, 169ff.

1979 und 1980 zum ersten Mal in die Debatte gebracht hatten, ohne dass sie damals heftige Diskussionen ausgelöst hätten.[19] Möglicherweise hat vor allem die letzte Tatsache mit einer Veränderung des geistigen Klimas in der Bundesrepublik zu tun, die sich im Laufe der achtziger Jahre vollzogen hat. Das ist aber nicht mein Thema. Mir geht es im Folgenden um die Darstellung und Begründung der These, dass die Überlegungen Noltes und Marquards einen gemeinsamen Ursprung in kulturkritischen Überzeugungen haben, die für die Sinnbestimmung der Geisteswissenschaften im Allgemeinen und der historischen Kulturwissenschaften im Besonderen fatale Konsequenzen haben.

Auffallend ist – über die bloß äußerlichen Ähnlichkeiten hinaus – dass beide Thesen die Thematik der gesellschaftlichen Aufgabe der Geisteswissenschaften unter einer spezifisch *deutschen* Perspektive abzuhandeln suchen: Nolte und seinen Gefolgsleuten geht es ausdrücklich um die Wiederentdeckung der Geschichte in einem „geschichtslosen Land", und Marquard verteidigt seine „Unvermeidlichkeitsthese" im „Kursbuch" 91(März 1988) mit dem Hinweis darauf, dass die Geisteswissenschaften in Deutschland die Rolle einer „verspäteten Moralistik" zu übernehmen hätten. Das ist erstaunlich: Gibt es denn tatsächlich so etwas wie einen spezifisch deutschen Sinn der (historischen) Geisteswissenschaften? – Ich will dieser Frage nachgehen, indem ich zunächst die strukturelle Ähnlichkeit der im Historikerstreit diskutierten *Identifizierungsthese* mit dem Leitgedanken der *Kompensationsthese* aufzeige, die die Basis von Marquards Überlegungen darstellt. In einem zweiten Schritt werde ich dann die historische Identifizierungsthese und ihre methodologische Variante in einer längeren Anmerkung kritisch kommentieren, um dann in einem dritten und letzten Schritt zu einer vom Kompensationsgedanken unabhängigen Sinnbestimmung für die historischen Geisteswissenschaften fortzuschreiten. Die von mir selbst vertretene Bestimmung des kulturellen Sinns spezifisch historischer Erfahrung entwickele ich im Anschluss an den Fortschrittsgedanken in Kants geschichtsphilosophischen Schriften.

1 Die Identifizierungsthese als spezifische Ausformung der Kompensationsthese.

Ich beziehe mich zunächst auf die kulturkritischen Thesen, die die Basis von Marquards Lehrmeinung bilden, dass die Geisteswissenschaften nicht nur unvermeidlich sind, sondern immer unvermeidlicher werden: Es handelt sich dabei um geschichts- und kunstphilosophische Gedanken, die ihrem Grundzuge nach auf den 1974 verstorbenen Münsteraner Philosophen Joachim Ritter zurückgehen. In fasse diese (damals sehr originellen und einflussreichen) Gedanken Ritters hier einleitend zusam-

---

19 Marquards o. g. Aufsatz erschien zunächst in der Sammlung: Apologie des Zufälligen, Stuttgart 1986, 98ff.
Nolte formulierte seine einschlägigen Thesen zunächst in: Der Faschismus in seiner Epoche, München 1984.

men, indem ich zugleich einige Schlagworte einführe, die bei Ritter noch nicht vorkommen, in der durch seine Schüler Marquard und Lübbe hervorgerufenen Debatte um die Rolle der Geisteswissenschaften in der postmodernen Gesellschaft aber die Funktion von Leitmotiven spielen:

Die pluralistische Gesellschaft der fortgeschrittenen Industrieländer ist, dieser Analyse zufolge, zugleich *eine Gesellschaft fortschreitenden Orientierungsverlusts.* Die den allseitigen zivilisatorischen Fortschritt hervorbringenden kontinuierlichen Veränderungen zerstören nämlich zugleich tradierte Werte und Normen und ersetzen alte Regeln durch neue Optionen, deren Verbindlichkeit weit geringer ist. Odo Marquard nennt diese Optionen dann bezeichnenderweise auch „Üblichkeiten", nicht etwa „Regeln" oder gar „Normen". Der Mensch wird, so die These, in einer solchen Fortschrittsgesellschaft ein „Orientierungswaise". Der Orientierungsverlust als der zentrale „Modernisierungsschaden" bekommt dadurch eine besondere Dynamik, dass sich der Prozess permanenter Veränderungen nicht nur nicht aufhalten oder gar rückgängig machen lässt, sondern sich, im Gegenteil, kontinuierlich zu beschleunigen scheint.

Diese ohnehin schon beunruhigende Lage wird nun, den einschlägigen Analysen zufolge, dadurch noch verschärft, dass mit der Beschleunigung des Wandels eine „Entdifferenzierung der Kulturen" einhergeht: Kulturelle Differenzen werden im Zuge der Entwicklung einer umfassenden Weltzivilisation unter Federführung der westlichen Industrienationen aufgelöst. Mit ihnen verschwinden vertraute Werte und Orientierungsmarken. Wo alles gleich ist, verliert aber alles Einzelne seine spezifischen Konturen. Gegenstände ohne Konturen jedoch sind zur Orientierung ungeeignet. Die Entdifferenzierung stellt also zugleich eine Verschärfung des Orientierungsverlusts dar.[20]

Diese Thesen Joachim Ritters sind von Hermann Lübbe und Odo Marquard als Ausgangspunkte einer Theorie der gesellschaftlichen Funktion der historischen Kulturwissenschaften benutzt worden: Unter Verwendung des ebenfalls von Ritter als Terminus benutzten Begriffs „Kompensation" schlagen die genannten Ritter-Schüler vor, die gesellschaftliche Funktion der „Geisteswissenschaften" darin zu sehen, dass diese die durch die (unvermeidliche) Modernisierung der Welt zwangsläufig auftretenden Orientierungsverluste zu kompensieren in der Lage seien.[21] Marquards provozierende und vieldiskutierte Formulierung dieses Funktionsanspruches der Geisteswissenschaften lautet: „Je moderner die moderne Welt wird, desto unvermeidlicher werden die Geisteswissenschaften."[22] – Ritter selber sieht es als eine der nennens-

---

[20] J. Ritter: „Die Aufgaben der Geisteswissenschaften in der modernen Welt." Subjektivität, Frankfurt 1989, 105ff.

[21] Vgl. H. Lübbe u. a.: Der Mensch als Orientierungswaise? Ein interdisziplinärer Erkundungsgang. Freiburg/München, 1982.

[22] H. Lübbe: Geschichtsbegriff und Geschichtsinteresse. Analytik und Pragmatik der Historie. Ba-

werten Leistungen seines Schülers Marquard an, den Kompensationsbegriff für die Philosophie fruchtbar gemacht zu haben. Er bezieht sich auf diese Vorarbeit in der folgenden Passage seines Aufsatzes „Die Aufgabe der Geisteswissenschaften in der modernen Gesellschaft“ (1963) :„*(Die Geisteswissenschaften) werden (...) ausgebildet, weil die Gesellschaft notwendig eines Organs bedarf, das ihre Geschichtslosigkeit kompensiert und für sie die geschichtliche und geistige Welt des Menschen offen und gegenwärtig hält, die sie außer sich setzen muss.*“ [23]

Odo Marquard hat diese Grundgedanken bereits 1980 in seinem Beitrag zu einem Kolloquium unter dem Titel „Kunst als Kompensation ihres Endes“ auf den Problembereich der Kunstphilosophie übertragen. Für unseren Zusammenhang aber sind zunächst einige Thesen und Formulierungen Hermann Lübbes von Bedeutung: Lübbe beschreibt die Modernisierungsschäden eindringlich unter den Stichworten „Identitätsverlust“, „Vertrautheitsschwund“ und „Gegenwartsschrumpfung“ und schlägt das Identität stiftende und Vergangenheit bewahrende „Erzählen einer Geschichte“ als einschlägige kompensatorische Leistung der „historischen Kulturwissenschaften“ vor.[24] Ausdrücklich knüpft er dabei mit seinen eigenen Lehrmeinungen an die Kompensationsthese des oben zitierten Ritter-Aufsatzes an.

Die hinter diesem Vorschlag stehenden Gedanken scheinen mir, mit der notwendigen Vereinfachung formuliert, die folgenden zu sein:

1. Der durch die Entdifferenzierung der Kulturen und durch die Beschleunigung des Wandels herbeigeführte Identitätsverlust kann am ehesten durch eine entsprechend ausgeformte Kultur der systematischen Erinnerung kompensiert werden. Denn: „Historien sind Medien der Vergegenwärtigung eigener und fremder Identität“.[25]
2. Der Vertrautheitsschwund verlangt als kompensatorische Maßnahme ein konsequentes Aufbewahren des Vertrauten, sei es in Museen oder in Geschichten.
3. Die Gegenwartsschrumpfung – ihrerseits eine Folge der Beschleunigung des Veraltens des jeweils Vertrauten – kann am ehesten kompensiert werden durch die Ausdehnung der Erinnerung.

Diese drei Funktionen aber übernehmen quasi natürlicherweise die historischen Kulturwissenschaften und die diesen beigeordneten Hilfsdisziplinen.

Gegen diese These sind inzwischen einige Einwände formuliert worden, die ich kurz nennen will, bevor ich meinen eigenen, wie ich meine, grundlegenderen Einwand vorbringe. So hat man gegen die Kompensationsthese z.B. geltend gemacht,

---

sel/Stuttgart 1977; O. Marquard: „Über die Unvermeidlichkeit der Geisteswissenschaften“, in: Apologie des Zufälligen, Stuttgart 1986, a. a. O., 172.

[23] J. Ritter, a. a. O., 131.

[24] H. Lübbe: Geschichtsbegriff und Geschichtsinteresse. Analytik und Pragmatik der Historie. Basel/Stuttgart 1977.

[25] H. Lübbe: Geschichtsbegriff und Geschichtsinteresse, a. a .O., 17

dass sie erstens zu einer Funktionalistisierung der Geisteswissenschaften führe und zweitens deren Grundlegung historisiere, d.h. sie historisch relativiere. Während ich nun eine Zweckbestimmung der Geisteswissenschaften im Sinne einer Bestimmung ihrer Funktion im Rahmen eines kulturellen Ganzen durchaus für richtig halte, stimme ich doch dem Einwand zu, die in der Kompensationsthese durchgeführte Sinnbestimmung relativiere die Grundlegung der Geisteswissenschaften in problematischer Weise. Der Ansatzpunkt für eine solche Kritik ergibt sich schon aus dem Begriff der Kompensation selbst. Kompensation setzt nämlich ein Defizit voraus, das eben eine Kompensation erfordert, und ist als solche eine Reaktion auf einen vorgegebenen Zustand. (Marquard benutzt zur Veranschaulichung des Kompensationsgedankens häufig das Bild der Waage, auf der ein Gegengewicht den einseitigen Effekt eines Ursprungsgewichts ausgleicht, „kompensiert".) Nennt man die Geisteswissenschaften also Kompensationen der für die gegenwärtig sich entwickelnde Weltzivilisation typischen Modernisierungsschäden, so impliziert man, dass der Sinn der Geisteswissenschaften an eben das Vorliegen solcher Zivilisationsschäden gebunden ist. Die durchgeführte Sinnbestimmung gilt deshalb nur für die gegenwärtige kulturelle Gesamtlage und ist demnach tatsächlich historisch relativ.

H. Schnädelbach hat im „Kursbuch" 91 den Vertretern der Kompensationsthese vorgeworfen, sie isolierten mit einer solchen Funktionszuschreibung die Geisteswissenschaften von der politischen Wirklichkeit.[26] Dieser Vorwurf scheint mir jedoch nicht sonderlich plausibel zu sein, wenn damit nicht das Fehlen einer spezifischen politischen Parteinahme ausgedrückt sein soll; denn gerade die Bindung der Sinnbestimmung der Geisteswissenschaften an die aktuelle kulturelle Gesamtsituation wirkt möglichen Tendenzen zur Selbstisolation im Sinne des genannten Vorwurfs entgegen.

Von den bisher vorgebrachten Vorwürfen gegen die Kompensationsthese ist in meiner Sicht im Wesentlichen also nur der Vorwurf einer historischen Relativierung der Sinnbestimmung der Geisteswissenschaften haltbar. In der bisherigen Diskussion aber wurde, soweit ich sehen kann, eine Unterscheidung noch nicht berücksichtigt, die für eine angemessene kritische Würdigung der Kompensationsthese wesentlich ist. Diese Unterscheidung ergibt sich als Antwort auf die Frage, aufgrund wessen die historischen Kulturwissenschaften denn in der Lage sein sollen, die angesprochene Kompensationsleistung zu erbringen. Prinzipiell kann diese Kompetenz sich entweder aus der spezifischen Methodik oder aus dem besonderen Gegenstandsbereich der jeweils angesprochenen Wissenschaften ergeben. Ich möchte nun die These vertreten, dass die in der Kompensationsthese formulierte Methodik der historischen Kulturwissenschaften, nämlich das „Erzählen einer Geschichte" überhaupt keine für diese Wissenschaften spezifische Methode darstellt; dass vielmehr in dieser Formulierung eher noch die Arbeitsweise besonderer Künste – etwa der literarischen – beschrie-

[26] „Kursbuch" 91/1988, 35-45.

ben ist. Wenn diese These richtig ist, so ergibt sich konsequent, dass jedenfalls diese Kulturformen ebenso eine Kompensationsleistung erbringen könnten wie die historischen Kulturwissenschaften. In dem bereits erwähnten Beitrag aus dem Jahre 1980[27] vertritt Marquard jedenfalls ausdrücklich die These, auch die kulturelle Funktion der Kunst ließe sich (zumindest für die „moderne Gesellschaft") als kompensatorische Leistung beschreiben und zwar ebenfalls unter Berufung auf einschlägige Lehrmeinungen J. Ritters: „a) die – moderne – ästhetische Kunst ist die historische Replik auf das – christentumsbedingte und späterhin geschichts- und revolutionsbedingte – Ende der Kunst, b) die ästhetische Kunst kompensiert nicht nur die moderne Versachlichung der Lebenswelt, sie kompensiert auch und vor allem den eschatologischen Weltverlust."[28] Die entsprechende Lehre Ritters skizziert Marquard in ihrer Fassung aus der „Ästhetik-Vorlesung" aus dem Jahre 1948 wie folgt: Modernisierung verwirklicht sich als Entzauberung der Welt durch ihre Versachlichung. – Diese Entzauberung wird als ein Defizit empfunden. – Die notwendige Kompensation vollzieht sich als eine neue Verzauberung der Welt durch die spezifisch moderne, nämlich „ästhetische" Kunst.

Die in der Kompensationstheorie angenommene Legitimationsbasis der Geisteswissenschaften wird durch diese „Kompensationstheorie des Ästhetischen" insofern erheblich geschmälert, als diese nun keineswegs mehr als die einzigen Kulturtätigkeiten gelten können, deren, ebenfalls einzige, Legitimation in der Kompensation von Modernisierungsschäden besteht. Auf diesen Gebieten konkurrieren sie vielmehr mit allen modernen Künsten.

Nun gilt zudem noch, dass die historischen Kulturwissenschaften zumindest zum Teil eben jene Künste zu ihrem Gegenstand haben; sie sind im Wesentlichen Historien dieser Künste und anderer kultureller Institutionen. Es drängt sich daher der Verdacht auf, dass die oben formulierte Frage nach dem Grund der den Geisteswissenschaften zugesprochenen Kompensationskompetenz nicht in deren Methodik liegen kann – die sie ja mit den angesprochenen Künsten teilt – sondern vielmehr in der besonderen Struktur der Gegenstände liegen muss, deren wissenschaftlicher Erfassung und Bewertung die historischen Kulturwissenschaften dienen.

In dieser Lage scheint es nun ein rettender Gedanke zu sein, wenn man sich an die eingangs zitierten Analysen Ritters erinnert und vor dem Hintergrund des

---

27 W. Oelmüller: Kolloquium Kunst und Philosophie 1: Ästhetische Erfahrung. Paderborn 1981, 159 – 199.

28 O. Marquard: „Kunst als Kompensation ihres Endes", in: W. Oelmüller, a.a.O., 163. – Die eschatologische Dimension der von der ästhetischen Kunst der Moderne hier erwarteten Kompensationsleistung steht im Kontext des in der Ritter-Schule weit verbreiteten Gedankens, ein wesentliches Element der Existenzerfahrung des Menschen sei die Erfahrung der (nach Marquard drei verschiedenen Formen von) Kontingenz. Diese als Defizit erlebte Kontingenz der eigenen Existenz führe beim Menschen zu einem dann in der Kunst zu befriedigenden Bedürfnis nach entsprechender Kompensation. (Vgl. Oelmüller, a. a. O., 163 f.)

gerade formulierten Einwands erneut die Frage stellt, ob denn etwa die erzählenden, durch die Fiktionalität des von ihnen Erzählten belasteten, literarischen Künste wirklich die dort als vorrangigen Modernisierungsschaden festgestellte „Geschichtslosigkeit“ kompensieren können. Dies scheint doch eine Aufgabe zu sein, die eindeutig und ausschließlich in die Kompetenz der historischen Kulturwissenschaften fällt. Tatsächlich spielt nun dieser Gedanke in der als „Historikerstreit“ bekannt gewordenen Debatte eine wichtige Rolle. Er tritt hier allerdings in der schon erwähnten eigentümlichen Variante auf, dass Geschichtslosigkeit als ein für die bundesdeutsche Gegenwart spezifisches Phänomen aufgefasst wird. Im Zusammenhang mit Beschreibungen von einschlägigen Kompensationsphänomenen, die sich wie Paraphrasen entsprechender Schilderungen aus Lübbe-Texten lesen (Blüte der Museen und nostalgischen Trödelmarkte, großes Interesse für historische Ausstellungen etc.) stellt der Erlanger Historiker Michael Stürmer (implizit) die These auf, die Aufgabe des bundesdeutschen Historikers sei die Mithilfe bei der Wiedergewinnung einer mit dem z. T. selbstverschuldeten Geschichtsverlust zugleich mitverlorenen nationalen Identität der Deutschen in den beiden Teilen Deutschlands. Der Historiker müsse den deutschen Zeitgenossen bei ihrer Suche nach Orientierung und Identität etwa dadurch helfen, dass er ihnen die durch einseitige, dämonisierende Darstellungen verschüttete jüngste deutsche Geschichte durch eine angemessenere Präsentation wieder aneignungsfähig macht. Der Historiker Hans-Ulrich Wehler hat für diese selbstgestellte Aufgabe der bundesdeutschen Gegenwartshistorie den einprägsamen Titel „Entsorgung der deutschen Vergangenheit“[29] vorgeschlagen.

„Wer nämlich die Erinnerung an die nationale Vergangenheit beherrscht, gewinnt in einem geschichtslosen Land die Zukunft.“ Denn: „Beides bestimmt die neue Suche nach der alten Geschichte: Orientierungsverlust und Identitätssuche sind Geschwister. Wer aber meint, dass dies alles auf Politik und Zukunft keine Wirkung habe, der ignoriert, dass in geschichtslosem Land die Zukunft gewinnt, wer die Erinnerung füllt, die Begriffe prägt und die Vergangenheit deutet. (...) Die Suche nach der verlorenen Geschichte ist nicht abstraktes Bildungsstreben: sie ist moralisch legitim und politisch notwendig.“[30]

Ernst Nolte hatte schon vorher deutlich gemacht, wie der bundesdeutsche Historiker diese Aufgabe bewältigen könnte: „1. Das dritte Reich sollte aus der Isolierung herausgenommen werden (...). Es muss vor allem in den Zusammenhang der durch die Industrielle Revolution ausgelösten Umbrüche, Krisen, Ängste, Diagnosen und Therapien hineingestellt (...) werden; es muss insbesondere auf die Russische Revolution als seine wichtigste Vorbedingung bezogen werden; (...) 2. Der Instru-

[29] H.-U. Wehler: „Entsorgung der deutschen Vergangenheit? Ein polemischer Essay zum ‚Historikerstreit‘“, München 1988.

[30] M. Stürmer: „Geschichte in geschichtslosem Land“, in: Historikerstreit“, München/Zürich, 3. Aufl. 1987, 36.

mentalisierung des Dritten Reiches (...) sollte entgegengetreten werden. Wer das Dritte Reich deshalb kritisiert, weil er im Grunde die Bundesrepublik oder das kapitalistische System treffen will, muss als der Tor erscheinen, der er ist (...) 3. Die Dämonisierung des Dritten Reiches kann nicht akzeptiert werden. Sie liegt schon dann vor, wenn dem Dritten Reich die Menschlichkeit abgesprochen wird, die einfach darin besteht, dass alles Menschliche endlich ist und damit weder ganz gut noch ganz schlecht, weder ganz hell noch ganz dunkel sein kann."[31]

Das Erkenntnisziel, so lautet eine methodologische Einsicht, bestimmt die Erkenntnismethode. Das gilt auch für die Art von historischer Erkenntnis, die im Historikerstreit diskutiert wurde. Wer als zentrale Aufgabe der bundesdeutschen Geschichtswissenschaft die Kompensation eines spezifisch deutschen Geschichtsverlusts ansieht, wird leicht zu abenteuerlichen methodologischen Konsequenzen verführt. Ein fragwürdiges Erkenntnisziel bringt hier ein objektivitätsfeindliches methodologisches Postulat hervor: Das Identitätssyndrom zeugt das Identifizierungspostulat. Nur vordergründig, so möchte ich also sagen, geht es beim „Historikerstreit" um eine „Kontroverse um die Einzigartigkeit der nationalsozialistischen Judenvernichtung" (Buch-Untertitel); hinter dieser, für sich genommen schon heiklen, Thematik verbirgt sich das grundlegende Problem, was die Aufgabe und was die entsprechende methodische Orientierung der bundesdeutschen Zeitgeschichtsschreibung sein solle. Hier vertrete ich nun Standpunkte, die den impliziten und expliziten Überzeugungen der Historiker Nolte, Stürmer und Hillgruber schroff entgegenstehen und dadurch in eine mir selber wohltuende Nähe zu den Äußerungen des Historikers Hans-Ulrich Wehler geraten. Ich will diese Ansichten im folgenden Teil der Überlegungen präsentieren.

2 Identitätssyndrom und Identifizierungspostulat.

In seiner Schrift „Zweierlei Untergang. Die Zerschlagung des Deutschen Reiches und das Ende des europäischen Judentums" (ebenfalls 1986) thematisiert der (1989 verstorbene) Historiker Andreas Hillgruber inhaltlich den Zusammenhang zwischen der Stabilisierung der deutschen Ostfront in den letzten Kriegsjahren und der Fortsetzung der systematischen Ermordung der Juden hinter dieser Front. Methodologisch wirft Hillgruber in diesem Zusammenhang die überraschende Frage auf, mit welcher der damals historisch vorgegebenen Positionen der beschreibende Historiker von heute sich denn identifizieren müsse. Nachdem er aus verschiedenen Gründen die Identifizierungskandidaten Hitler ("nicht möglich"), „die kommenden Sieger" (ündenkbar" – überhaupt sei aus deutscher Sicht der geläufige Ausdruck „Befreiung" in diesem Zusammenhang ganz unangemessen), „innerdeutsche Opposition" (nicht

[31] E. Nolte: „Zwischen Geschichtslegende und Revisionismus? Das Dritte Reich aus dem Blickwinkel des Jahres 1980.", in: „Historikerstreit", a. a. O., 33f.

möglich, weil diese bloß gesinnungsethisch orientiert gewesen sei) ausgeschlossen und das altehrwürdige Objektivitätsideal als unfruchtbar eingestuft hat, kommt Hillgruber rasch zur Formulierung des entscheidenden „Identifizierungspostulats": Der Historiker, so führt er aus, „muss sich mit dem konkreten Schicksal der deutschen Bevölkerung im Osten und mit den verzweifelten und opferreichen Anstrengungen des Ostheeres und der deutschen Marine im Ostseebereich identifizieren, die die Bevölkerung des deutschen Ostens vor den Racheorgien der Roten Armee, den Massenvergewaltigungen, den willkürlichen Morden und den wahllosen Deportationen zu bewahren" und den Fluchtweg „nach Westen freizuhalten suchten".[32]

Diese erstaunliche Passage wirft für einen wissenschaftstheoretisch orientierten Philosophen zumindest zwei Fragen auf: 1. Wieso muss sich der aus der Perspektive des „Später" darstellende, beschreibende, erzählende Historiker überhaupt mit einer der „damals historisch vorgegebenen Positionen" identifizieren? – 2. Wenn sich eine solche Identifizierung aus methodologischen Gründen (etwa: Einheitlichkeit der Perspektive) als notwendig oder als unvermeidlich erwiesen haben sollte, warum muss man sich dann als deutscher Historiker heute mit der zivilen und militärischen deutschen Bevölkerung im Osten von damals identifizieren; warum nicht mit der innerdeutschen Opposition oder mit den Lagerinsassen und Gefangenen?

Hillgruber selbst gibt auf diese dringlichen methodologischen Fragen im zitierten Text gar keine Antwort. Versuchen wir also anderswie zu ergründen, was er sich dabei gedacht haben mag.

Wehler kommentiert die soeben zitierte Passage aus Hillgrubers Buch wie folgt: „Das ‚Schlüsselproblem' seiner ‚Identifizierung' ist ein Scheinproblem: Nichts zwingt den Historiker dazu, sich mit einem der in der Vergangenheit handelnden Akteure zu identifizieren. Wenn er es dennoch tut, steht er unter dem Rechtfertigungszwang, seine Entscheidung mit guten Argumenten zu begründen, damit sie diskussionsfähig gemacht wird und möglichst die kritische Prüfung übersteht."[33] Einige Seiten später fährt Wehler fort: „Wenn schon Identifizierung, dann mit den ‚leidenden Menschen' aller Nationen, die auf ein möglichst frühes Kriegsende, auf den Frieden hofften."[34]

Dieser Einschätzung stimme ich zu; allerdings bleibt festzuhalten, dass eine sich um eine objektive Darstellung geschichtlichen Geschehens bemühende historische Arbeit sich gerade nicht mit den geschichtlich handelnden Individuen oder Gruppen identifizieren sollte. Insofern ist der Geltungsanspruch des traditionellen historischen Objektivitätsideals unabhängig von dem hier diskutierten Identifizierungspostulat, in welcher Gestalt dieses auch immer auftreten würde.

---

[32] A. Hillgruber: „Zweierlei Untergang. Die Zerstörung des Deutschen Reiches und das Ende des europäischen Judentums", Berlin 1986, 24f.

[33] H.-U. Wehler: „Entsorgung der deutschen Vergangenheit?", a. a. O., 53

[34] a. a. O., 56.

Die Sinnperspektive, die Wehler hier dem bundesdeutschen Historiker von heute anbietet, unterscheidet sich prinzipiell von dem am Kompensationsgedanken orientierten Konzept der anderen hier zitierten Historiker. Antagonistisch formuliert, handelt es sich dabei um den Unterschied zwischen einer auf bestimmte nationalpolitische Aufgaben ausgerichteten und einer durch eine „weltbürgerliche“ Perspektive geprägten Sinnbestimmung. Mit dem Konzept der Weltbürgerlichkeit als Horizont des Selbstverständnisses aufgeklärter Historie aber sind wir auf die Geschichtstheorie Immanuel Kants verwiesen. Im Anschluss an sie und in kritischer Auseinandersetzung mit Nolte, Hillgruber und Stürmer lassen sich methodologische Konsequenzen aus dem Historikerstreit ziehen, die ich im folgenden Abschnitt formulieren will.

3 Historie als Schule des konkreten Denkens.

Wie verhält sich Kants Lehre, die Idee des Fortschritts sei das Prinzip der historischen Auswahl, Ordnung und Integration, zu Hillgrubers These eines methodologisch erforderten Identifizierungszwangs? – Meine Antwort darauf lautet: Aus Kants Überlegungen ergibt sich die *Überflüssigkeit des Identifizierungspostulats*. Diese Behauptung lässt sich wie folgt begründen:

Hillgrubers Identifizierungspostulat lässt sich als Ergebnis einer Suche nach einem auch von Kant angestrebten Einheitsprinzip für die historische Forschung verstehen. Dann ergibt sich die Sinneinheit historischer Darstellung durch Parteinahme für eine der geschichtlich manifest gewordenen Positionen. Das bringt allerdings unweigerlich die schon genannten kritischen Fragen nach der Rechtfertigung für diese spezifische Parteinahme hervor. Bedenkt man zudem, dass das Identifizierungspostulat im Zusammenhang der Kompensationsthese zu verstehen ist, so zeigt sich ferner, dass Hillgruber, Stürmer und Nolte jedenfalls keine Historie in weltbürgerlicher Absicht anstreben; dass sich vielmehr der pragmatische Sinn ihrer Zeitgeschichtsschreibung aus einer dezidiert nationalpolitischen Absicht ergibt.

Stürmer hat dies auch ausdrücklich zum Programm erhoben: Man denke etwa an die oben zitierten Äußerungen zur moralischen Legitimität und zur politischen Notwendigkeit der „Suche nach der verlorenen Geschichte“! Die methodologische Konsequenz eines Identifizierungspostulats im Sinne Hillgrubers hat Stürmer nicht ausdrücklich aus diesen Überlegungen gezogen. Aber die Nähe dieser Überlegungen zueinander scheint mir mehr als deutlich.

Nichts aber zwingt den Historiker dazu, sich zu identifizieren, nichts drängt ihn vor allem dazu, sich mit einer bestimmten historisch manifest gewordenen Position geschichtlich handelnder Personen zu identifizieren, wenn er nicht zuvor schon die nationalpolitische Zweckbestimmung als Sinnhorizont seiner Arbeit akzeptiert hat. Das Erkenntnisziel bestimmt die Methode. Dieses Ziel muss nicht das genannte nationalpolitische sein. Kant bietet eine in vieler Hinsicht unproblematischere Sinnbestimmung an: die weltbürgerliche Absicht. Dieser veränderten Zielsetzung historischer Forschung entspricht auch ein anderes methodologisches Prinzip: *Orientierung* statt *Identifizierung*.

Ich vertrete daher die These, der spezifische kulturelle Sinn der historischen Kulturwissenschaften bestehe darin, dass die in ihnen manifest werdende historische Erfahrung der z. B. auch durch die systematischen Geisteswissenschaften geförderten Neigung entgegenwirkt, die Wirklichkeit menschlichen Handelns hauptsächlich, wenn nicht gar ausschließlich unter dem Gesichtspunkt von Gesetzmäßigkeiten, Prinzipien, Gesamtentwürfen u. ä. zu begreifen. Gerade das tatsächliche Vorherrschen eines solchen *Abstraktionismus* gibt der historischen Forschung eine wichtige Rolle im Gesamtzusammenhang der gegenwärtigen Kultur.

In der Terminologie der Existenzphilosophie ließe sich die hier anstehende Aufgabe als „wissenschaftliche Erfassung konkreter Existenz" beschreiben. Mit dieser Orientierung am Konkreten sind die Einsicht in die Mehrdeutigkeit der meisten Situationen und die Erkenntnis der Fruchtlosigkeit von Totalkritik verbunden.[35]

Ich möchte die Bedeutung eines solchen „historisch gesättigten"[36] konkreten Denkens an einem wichtigen Beispiel erläutern, nämlich an der Bedeutung des historischen Wissens für die Prüfung der Geltung moralischer Prinzipien („historia magistra vitae").

Ich gehe im Folgenden davon aus, dass nur solche moralischen Prinzipien als undogmatisch und nicht-ideologisch akzeptiert werden können, welche einer empirischen Kritik zugänglich sind. Die schwierige Frage ist nur: Was kann eine solche empirische Kritik moralischer Prinzipien überhaupt leisten? Wozu genau dient sie?

Die *Abstraktheit moralischer Prinzipien* macht es notwendig, dass ein durch die Erfahrung konkreten Handelns geschultes, aber abstrakter Überlegungen fähiges Denken zwischen praktischem Prinzip und Handlungswirklichkeit vermittelt. – Dies bedeutet im Einzelnen:

1. Die historische Erfahrung liefert ein empirisches Wissen von vergangener Praxis, welches kraft seiner Bezogenheit auf relativ stabile praktische Prinzipien die geplante Praxis orientieren kann.
2. Praktische Prinzipien bedürfen der Prüfung im Sinne einer Bewährung in der Erfahrung konkreten Handelns; historische Erfahrung ist eine für diesen Zweck besonders geeignete Form der Erfahrung konkreten Handelns.

Aus argumentationslogischen Gründen wende ich mich zunächst der Erläuterung des zweiten Aspekts der These zu: Wieso also sind praktische Prinzipien begründungsbedürftig? Und: Kann eine eventuell notwendige Prüfung tatsächlich empirisch erfol-

---

[35] Vgl. hierzu: Jürgen Kocka: „Gesellschaftliche Funktionen der Geschichtswissenschaft." Wozu noch Geschichte? Hrsg. v. W. Oelmüller, München 1977, 29.

[36] Vgl. hierzu: Hans-Ulrich Wehler: Aus der Geschichte lernen? München 1988, 11-18.

gen? Ist dies nicht vielmehr ausschließlich auf dem Wege philosophischer Reflexion möglich?

Prüfungsbedürftig sind praktische Prinzipien meiner Überzeugung nach schon deshalb, weil nur so Irrationalismus und Ideologisierung vermieden werden können. Eine Prüfung praktischer Prinzipien im Sinne einer empirischen Kritik scheint allerdings aus grundsätzlichen Überlegungen heraus zunächst gänzlich verfehlt. Anscheinend wird sie nämlich dem spezifischen Charakter dieser Prinzipien nicht gerecht: Praktische Prinzipien sind Sollenssätze; sie formulieren also Forderungen an das menschliche Handeln. Über die Angemessenheit solcher Forderungen entscheidet aber wohl kaum das Maß, im welchem diese im tatsächlichen Handeln der Menschen bereits erfüllt wurden oder fortwährend erfüllt werden. Bindet man die Geltung moralischer Prinzipien in diesem Sinne an ihre faktische Realisierung, so nimmt man ihnen zugleich die Funktion von Triebkräften für den moralischen Fortschritt der Menschheit.

Dennoch ist das Programm einer empirischen Kritik moralischer Prinzipien sinnvoll und zwar deshalb, weil nur das bereits vollzogene praktische Handeln zeigen kann, dass erstens die konsequente Verfolgung bestimmter praktischer Prinzipien zu moralisch fragwürdigen Ergebnissen führt oder zweitens ein Konflikt zwischen zweien oder mehreren rational wohlbegründeten Prinzipien eventuell durch empirische Kritik lösbar bzw. vermeidbar ist oder drittens bestimmte auf die Erfüllung spezifischer Prinzipien zielende Handlungen für diesen Zweck nicht geeignet sind.

Eine durch diese Vorstellungen geleitete empirische Kritik moralischer Prinzipien verkennt nicht deren spezifischen Charakter und gefährdet auch keineswegs einen eventuell möglichen moralischen Fortschritt der Menschheit. Vielmehr ist eine solche Kritik gerade ein wesentlicher Beitrag zur Verwirklichung dieses Fortschritts, weil sie die Möglichkeit eröffnet, problematische praktische Prinzipien aufzugeben und auf Handlungen zu verzichten, die sinnvollen Prinzipien, entgegen dem ersten Anschein, nicht gerecht werden. Die empirische Kritik moralischer Prinzipien ist demnach ein wesentlicher Beitrag zur rationalen Orientierung unseres praktischen Handelns.

Ich komme damit auf den ersten Aspekt der hier erörterten These zurück: Die besondere Eignung gerade der historischen Erfahrung für die Durchführung einer solchen empirischen Kritik ergibt sich aus der für diese Form von Erfahrung spezifischen doppelten Distanz und deren doppelsinniger Aufhebung: Das hier zugänglich werdende Handeln ist vergangen und fremd, wird aber in der historischen Erfahrung zugleich auch als in einem spezifischen Sinne gegenwärtig und vertraut erlebt. Diese doppelte Distanz von Vergangenheit und Fremdheit wird in dem doppelten Sinne aufgehoben, dass sie zugleich aufgelöst und aufbewahrt wird. In dieser paradoxen Grundstruktur der historischen Erfahrung liegt die Möglichkeit einer Vermittlung von Distanz und Betroffenheit.

Die zeitliche Dimension dieser Distanz realisiert sich als Abgeschlossenheit des erfahrenen Handelns. Darin ist wiederum eingeschlossen, dass die unmittelbaren Wirkungen und die mittelbaren Folgen der thematischen Handlung empirisch zugänglich sind. Die Zugänglichkeit gerade der Wirkungen und Folgen unseres Handelns, seien diese nun gewollt oder ungewollt, ist aber entscheidend für den Sinn einer empirischen Kritik moralischer Prinzipien. Diese Faktoren werden jedoch ausschließlich in der historischen Erfahrung zugänglich. So ergibt sich die Konsequenz, dass die historische Erfahrung für die Durchführung der notwendigen empirischen Kritik praktischer Prinzipien wegen ihrer spezifischen Grundstruktur besonders geeignet ist.

Ich sehe schon deshalb den kulturellen Sinn historischer Erfahrung nicht in der Kompensation von Schäden, die sich eventuell aus dem Verlust nationaler Identität ergeben haben könnten. Vielmehr betrachte ich als das geschichtlich invariante Ziel systematischer historischer Erfahrung die *empirisch gesättigte rationale Orientierung unseres Handelns als Menschen*, nicht als Bürger einer besonderen Nation.

Der Historikerstreit lehrt in meiner Sicht daher vor allem, dass zur historischen Forschung ein übernationales, vielleicht sogar ein interkulturelles, Bewusstsein gehört. Die Beschränkung der Zielperspektive auf nationalpolitische Aufgaben nimmt der Geschichtsforschung Orientierungsfunktionen, auf die wir unter keinen Umständen verzichten können. Zumindest in diesem grundlegenderen Sinne darf eine „Entsorgung der deutschen Vergangenheit" daher nicht das Ziel einer aufgeklärten Geschichtswissenschaft werden.

Korrekte Sprache oder richtiges Bewusstsein? Anmerkungen zum Streit über „political correctness" in Deutschland.

Wir alle werden von Zeit zu Zeit aufgefordert, „etwas mehr Rücksicht zu nehmen". Zu Recht akzeptieren wir dies als eine jedenfalls im Prinzip berechtigte Anforderung an unser Sozialverhalten. Im Rahmen unserer Sozialisation haben wir gelernt, dass auch andere Menschen Bedürfnisse und Gefühle haben und dass zum zivilisierten Umgang miteinander der Respekt vor diesen Bedürfnissen und Gefühlen der anderen gehört. Aus Erfahrung wissen wir außerdem, dass die Menschen unterschiedlich rasch in ihren Gefühlen verletzt sind oder sich in ihren Bedürfnissen nicht ernst genommen fühlen. Auch hier scheint es mir zur Normalausstattung des zivilisierten Teilnehmers an unserer Kultur zu gehören, dass er – zumindest im Prinzip – bereit ist, in besonderen Fällen besondere Rücksicht zu nehmen.

Dies alles wissen wir und wollen es in aller Regel auch befolgen. Dennoch müssen wir in dieser Hinsicht von Zeit zu Zeit ermahnt werden. Haben wir unsere Lektion nicht genau genug gelernt? Nehmen wir sie nicht ernst genug? Oder haben sich die Zeiten geändert? Sind wir in einem neuen Zeitalter der Empfindsamkeit oder gar der Empfindlichkeit gelandet? Hat die Vernunftkultur unserer postmodernen Gesellschaft kompensatorisch ein Verlangen nach einer neuen Gefühlskultur ausgelöst?

Diesen Fragen will ich in den folgenden Überlegungen nachgehen. Dabei gehe ich von einer Analyse der Denkweise aus, auf der Phänomene wie „political correctness" basieren. Ich liefere also zunächst eine Theorie des Syndroms spezifisch postmoderner Empfindlichkeiten. In einem zweiten Schritt möchte ich diese Empfindlichkeit am Beispiel der „politisch korrekten" Sprache eingehender untersuchen, um sie schließlich in einem dritten und letzten Schritt am Beispiel des deutschen Streits über „Gesinnungsterror" zu bewerten.

1 Das Syndrom spezifisch postmoderner Empfindlichkeit

Der amerikanische Kulturtheoretiker Robert Hughes diagnostiziert unter dem Titel „Nachrichten aus dem Jammertal"[37] eine Kultur der Wehleidigkeit (culture of complaint) im gegenwärtigen Amerika. Indiz ist ihm dabei das Phänomen „political correctness". Die Analyse zeigt, dass die Forderung nach einem „politisch korrekten" Umgang mit anderen tiefe Wurzeln in einer Kultur des Selbstwertgefühls hat, die für unsere postmodernen Gesellschaften spezifisch ist. Zu den unausgesprochenen Wertentscheidungen der postmodernen Gesellschaft scheint es zu gehören, dass jeder ein Recht auf ein hohes Selbstwertgefühl hat. Deswegen gilt es als Aufgabe der Gemeinschaft und ihrer Institutionen, dieses individuelle Selbstwertgefühl zu kultivieren. „Political correctness" ist in meiner Sicht ein spezifisches Element einer solchen gesellschaftlich-institutionell betriebenen Kultur der individuellen Selbstachtung.

Warum aber wird eine solche Kultur überhaupt als notwendig angesehen? Mir scheint die Antwort darauf in einer „Ego-Inflation" zu liegen, die für die postmoderne Gesellschaft spezifisch ist: Man erwartet als Individuum von der Gesellschaft und ihren Institutionen eine möglichst makellose Kultivierung des je eigenen Selbstwertgefühls und stellt bald fest, dass die Gesellschaft dieser Erwartung nicht gerecht wird.

Vor dem Hinterrund dieses überzogenen Anspruches ist es dann möglich, die Selbstinterpretation zu erreichen, die die Basis für alle problematischen Formen der Kultur der Wehleidigkeit bildet: die Deutung der eigenen Person als eines Opfers – eines Opfers der elterlichen oder schulischen Erziehung, der gesellschaftlichen Verhältnisse, des Geschlechterkampfes o. ä. Entscheidend ist der Gedanke, im Grunde sei man sehr viel wert, die anderen aber hinderten einen systematisch daran, ein diesem (inneren) Wert entsprechendes Leben zu führen.

Hat man diese Deutung der eigenen Person als ebenso unschuldiges wie permanentes Opfer erreicht, so ist es notwendig, Schutz zu suchen. Wie die Verhältnisse nun einmal sind, findet man diesen nur bei anderen Opfern; denn die Täter sind

---

[37] R. Hughes: Nachrichten aus dem Jammertal, München 1994

ja völlig unempfindlich gegenüber den Verletzungen, die sie anderen dauernd zufügen. So findet dann häufig eine systematische Solidarisierung der Opfer statt. Die die Solidarität tragenden Überzeugungen sind diejenigen, dass man sich erstens in einer Situation sozialer Notwehr befindet und dass zweitens Gemeinsamkeit stark macht.

Da aber die Opfer definitionsgemäß nicht die gesellschaftlich Mächtigen sind, sondern – wie wir seit den sechziger Jahren sagen – die „Unterprivilegierten" (vorher hatte man rücksichtslos von Sozialfällen o. ä. gesprochen), können sie nicht kraft eigener Machtkompetenz die jammervollen Verhältnisse ändern. Wie aber dann?

Pessimisten sagen: gar nicht; Optimisten: nur mit einem langen Atem; Zyniker: mit unerträglichem Gejammer. Den Leuten auf die Nerven gehen – ist das die Strategie der Unterprivilegierten?

Zunächst einmal glaube ich, dass es richtig ist, als Unterprivilegierter den Mächtigen auf die Nerven zu gehen, um die Verhältnisse zu ändern. Sodann halte ich die Form der Durchsetzung von Interessen für weniger wichtig als die Frage nach der Berechtigung der Interessen und den Chancen ihrer Durchsetzung. Daher stelle ich also zunächst die Fragen: Um welche Interessen geht es hier? Und: Wie groß sind die Chancen ihrer Durchsetzung?

Wie bei Philosophen üblich, beantworte ich beide Fragen auf einer hohen Abstraktionsstufe. Dort stellt sich das Problem wie folgt dar: Es geht um (soziale) Gerechtigkeit (etwa Chancengleichheit) und um die Wahrung der persönlichen Würde (etwa: political correctness).

Diese Interessen sind sicherlich berechtigt. Wenn man zusätzlich die Strategie des Jammerns-um-den-Mächtigen-auf-die-Nerven-zu-gehen für akzeptabel hält, stellt sich also nur noch die Frage danach, wie groß die Erfolgschancen dieser Kultur der Weinerlichkeit sind. Mein Eindruck ist hier: Die Chancen sind umso größer, je schlechter das Gewissen der Mächtigen ist. Außer bei Zynikern ist ein schlechtes Gewissen nämlich schlecht für die Nerven.

Soweit die Elemente: 1. eine zentrale Rolle des individuellen Selbstwertgefühls; dieses Gefühl ist, so scheint es, ein Wert in sich selber und muss von der Gesellschaft gefördert werden – 2. das Gefühl, man werde nicht seinem eigenen Wert gemäß behandelt: Man habe nicht die diesem Wert entsprechenden Chancen, und man werde sprachlich nicht so gewürdigt, wie man es verdiene – 3. die aus dieser Diskrepanz von Anspruch und Wirklichkeit resultierende Selbstwahrnehmung: man ist immer und überall Opfer – 4. die Entstehung einer Solidarisierung der Opfer – 5. die Strategie des Wehklagens zur Durchsetzung der berechtigten Interessen der Opfer – 6. die Erzeugung oder Kultivierung eines schlechten Gewissens bei den Mächtigen.

Mir scheint nun, dass in dieser Skizze der Gesellschaft der Weinerlichkeit der interessanteste Punkt der letzte ist. Warum können die Opfer mit dem schlechten Gewissen der Täter rechnen? Die Antwort auf diese Frage muss den Kern des Problems treffen; denn entweder ist das Gewissen der Täter zu Recht schlecht; dann aber sind sie offensichtlich wirklich Täter, und die anderen verstehen sich mit Recht als Opfer. Oder aber: Die Täter sind gar keine, dann sind aber auch die Opfer keine Opfer. Warum aber sollten dann die Nicht-Täter ein schlechtes Gewissen haben?

Sie sollten keines haben und sich daher durch das Gejammer der vermeintlichen Opfer nicht einschüchtern lassen, wenn zwei Bedingungen erfüllt wären: 1. Wenn es in unserer Gesellschaft immer gerecht zuginge und niemandes Würde verletzt würde und 2. es nur eine Art von schlechtem Gewissen gäbe, nämlich die, welche aus einem vorausgegangenen Unrecht entsteht.

Keine dieser Bedingungen aber ist erfüllt: 1. Offensichtlich gibt es in unserer Gesellschaft Ungerechtigkeit und Verstöße gegen die Menschenwürde von Einzelnen und von Gruppen. 2. Es gibt nicht nur die schlichte Form von schlechtem Gewissen. Es gibt ein solches Gewissen auch in einer subtileren Form. Bundespräsident Theodor Heuss hat diese mit Blick auf die im Namen des deutschen Volkes begangenen Verbrechen und expressis verbis im Unterschied zu der Rede von Kollektivschuld in dem schönen Begriff „Kollektivscham“ angesprochen. Gemeint ist damit: Man kann sich schämen, ohne schuldig zu sein, und solche Scham ist ein Kulturgut, keineswegs also ein neurotisches Verhalten.

Innerhalb der Kultur der Weinerlichkeit spielt meiner Überzeugung nach die so verstandene Scham eine wichtige Rolle: Wie der Unterprivilegierte sich schämt, unterprivilegiert zu sein, weil er diesen Status als Resultat eigenen Versagens sieht, so kann es auch vorkommen, dass der Privilegierte sich schämt, privilegiert zu sein, weil er in diesem Status das Resultat einer ungerechten Bevorzugung sieht.

Zu dieser zunächst überraschend scheinenden Entwicklung bedarf es keiner besonderen intellektuellen Bemühungen. Man braucht nur den Gedanken nicht mehr los zu werden, dass man immer auf Kosten der Unterprivilegierten privilegiert ist. Schon schämt man sich – und irgendwie ja auch zu Recht. Vor diesem psychologischen Hintergrund besteht die Kunst des Wehklagens nun darin, die aus dieser Quelle stammende Scham der Privilegierten durch subtilen Einsatz der Wehleidigkeit so zu kultivieren, dass diese sich schließlich wirklich als Täter fühlen und so implizit den Opfer-Status der Unterprivilegierten bestätigen. Dazu ist es notwendig, alle Ungerechtigkeiten und Verletzungen der Menschenwürde öffentlich zu machen und die Ansprüche auf beiden Gebieten Schritt für Schritt zu steigern.

Dies scheint mir der Mechanismus zu sein, auf dem die Kultur der Larmoyanz beruht. Was aber ist vor diesem Hintergrund von den verschiedenen hier sichtbar werdenden Strategien und Reaktionen zu halten?

2 Sprache als Herrschaftsinstrument

Aus dem mir sehr vertrauten Vokabular der studentischen Protestbewegung der sechziger Jahre stammt die Rede davon, dass die Sprache ein Herrschaftsinstrument ist. Dies zeigt sich besonders dann, wenn die offiziellen Bezeichnungen von Personen und

Gruppen ausdrücklich deren gesellschaftlichen Rang festlegen. Eine klassische Form dieser Art ist die Hegelsche Rede von „Herr und Knecht". Ein weniger antiquiertes Paar war bis vor einigen Jahrzehnten: Meister und Lehrling.

In solchen Wortpaaren schienen sich Herrschaftsanspruch und Autorität schon bis in die Bezeichnungen für die relevanten Personengruppen hinein durchgesetzt zu haben. Man sah darin deshalb die Gefahren einer Affirmation der bestehenden Herrschaftsverhältnisse und einer Beschämung der Unterprivilegierten sowie eine Tendenz zu deren sozialer Entmutigung. Die auf diesen Überzeugungen beruhende Sprachreform war teilweise erfolgreich. Zwar ist der Ausbilder auch heute noch oft „der Meister" (entsprechend heißt der Warnruf der Lehrlinge nicht „Der Ausbilder kommt", vielmehr rufen die Azubis „Der Meister kommt"). Die Lehrlinge heißen jedoch heute offiziell „Auszubildende"; inoffiziell gehören sie zum Stamme der „Azubis".

Weniger erfolgreich war der an Hochschulen und Schulen unternommene Versuch, die als Ausdruck subtiler Herrschaftsansprüche angesehene Rede vom „(Hochschul)Lehrer" durch die Einführung des (leider ziemlich schwerfälligen) Terminus „Informationsvorsprungsinhaber" zu ersetzen.

Durchgesetzt hat sich dagegen die Ersetzung aller rhetorischen Anspielungen auf soziale Notlagen durch die auch von mir in diesem Text häufig benutzte Vokabel „unterprivilegiert". Die Idee hinter dieser natürlich ästhetisch wenig befriedigenden Lösung ist sinnvoll: Der systematische Verzicht auf negative Vokabeln soll den Betroffenen vermeidbare Beschämungen ersparen. Außerdem suggeriert das Vorkommen von „Privileg" in diesem Wort vielleicht die Aussicht auf eine Veränderung des Status. Dies ist sicher der Fall in dem Wort „Entwicklungsländer", das das traditionelle – tatsächlich hämisch oder arrogant klingende – „unterentwickelte Länder" vollständig ersetzt hat.

All dies scheint mir ganz gesund zu sein; und bisher habe ich nur ästhetische Gründe gegen einschlägige Wortneuschöpfungen vorbringen können. Solche Gründe aber sind wohl außerhalb des Ästhetizismus kein ausreichendes Argument gegen sozial sehr fruchtbare Sprachregelungen. Wenngleich mir der Doppelname „Nase-Weichbroth" (aus ästhetischen Gründen) nicht gefällt, so scheint das doch kein gutes Argument gegen seine Verwendung zu sein, wenn dafür mit dem moralischen Argument gefochten wird, dass sich hierin die soziale Gleichstellung der Frau Nase mit ihrem Ehemann Weichbroth unmissverständlich ausdrückt.

All den genannten und zahlreichen weiteren Beispielen der Reform der deutschen Sprache in den letzten 45 Jahren liegt offensichtlich die folgende Überzeugung zugrunde: Unsere Sprache soll so verwendet werden, dass sie den Unterprivilegierten vermeidbare Beschämungen erspart und sie sozial ermutigt, also ihr Selbstwertgefühl kultiviert. – Dagegen ist aus meiner Sicht nun wirklich nichts zu sagen.

Was also soll dann die in Deutschland grassierende Häme gegen die aus den Vereinigten Staaten importierte „political correctness"? Was sollen auch meine eigenen pejorativen Vokabeln von „Weinerlichkeit“ und „Wehleidigkeit“? Es scheint doch um das berechtigte Anliegen der Unterprivilegierten zu gehen, nicht auch noch sprachlich beschämt zu werden. Und eine gewisse Scham auf Seiten der Privilegierten ist, wie wir gesehen haben, möglicherweise ein Kulturgut von besonders hohem eigenem Wert.

Ich werde doch wohl nicht der überholten, unsensiblen Maxime „Da müsst Ihr eben durch“ das Wort reden wollen? Will ich gar die ohnehin Privilegierten ermutigen, sich nicht „sensibilisieren zu lassen“ für die Belange der Opfer? Oder will ich hier etwa die fragwürdige Moral des „Wo gehobelt wird, da fallen Späne“ verteidigen?

Natürlich will ich nichts von alledem; und ich habe ganz absichtlich keinen Zweifel daran gelassen, dass ich an der Sozialphilosophie, die die Basis des Phänomens „political correctness“ bildet, nichts Prinzipielles auszusetzen habe: Ich bin für eine Gesellschaft, in der den sozial Benachteiligten vermeidbare Beschämungen erspart bleiben. Ich plädiere für eine Form von Gemeinschaft, die diese sozial ermutigt. Was aber stört mich dann noch an „political correctness“? – Nun: Ich bin nicht gegen das ihr zugrundeliegende Prinzip, sondern ich bin kritisch gegenüber bestimmten Elementen ihrer konkreten Erscheinungsform. Ferner möchte ich vor Illusionen warnen, die sich mit dieser sozial inspirierten Sprachreform leicht verbinden. Schließlich möchte ich auf die Gefahr hinweisen, dass Übereifer in solchen Reformen aus vermeintlichen Tätern tatsächliche Opfer machen kann.

3 Die Gefahr einer Deformation der Reform

Dass der „Sozialfall“ oder der „Bedürftige“ heute eher als „Unterprivilegierte“ bezeichnet werden, ist in meiner Sicht ein Fortschritt in Sachen Menschenwürde. Gilt dies nicht ganz selbstverständlich auch für die Ersetzung des hässlichen Begriffs „Kleinwüchsiger“ durch das (seinerseits allerdings ästhetisch ebenso fragwürdige) „Vertikal Herausgeforderter“? Und ist „African American“ nicht sogar aussagekräftiger als das traditionelle, aber paradoxerweise irgendwie „blasse“ Wort „Farbiger“. Und Wortschöpfungen wie „Existenziell Herausgeforderter“ (statt „Toter“) sind ja ohnehin bösartige Parodien der „political correctness“ durch ihre Gegner.

Aber es gibt auch andere Fälle: Dass ein „Krüppel“ (später „(Kriegs)Versehrter“) heute „Behinderter“ heißt, trägt zur Humanisierung unserer Sprache entscheidend bei; aber dass wissenschaftliche Diskussionen über das Lebensrecht schwerstbehinderter Kinder nicht mehr möglich sind, weil sie von – durch diese Diskussion gar nicht betroffenen Behinderten – mittels Lärmentfaltung verhindert werden, ist sicher kein Beitrag zur Zivilisierung unserer Gesellschaft, sondern vielmehr ein Exzess der Weinerlichkeit. Solche Exzesse verbergen sich häufig hinter dem zweideutigen deutschen Wort „Betroffenheit“. Man kann sich durchaus fortwährend betroffen fühlen, ohne tatsächlich betroffen zu sein.

Bei allem Sinn für eine soziale Kultivierung unserer Sprache stellt sich also die

Frage: Wo liegt hier die Grenze? Wo hört die berechtigte Abwehr vermeidbarer Beschämung auf, und wo fängt die eine ernsthafte politische Auseinandersetzung innerhalb der Gesellschaft blockierende Weinerlichkeit an?

Das erste Prinzip, gegen dessen Verletzung ich argumentieren möchte, ist daher: Die Angst vor einer Beschämung Betroffener darf nicht soweit gehen, dass sie eine ernsthafte Auseinandersetzung über anstehende soziale, politische oder wissenschaftliche Fragen blockiert.

Ein Beispiel aus der Wissenschaft ist mir noch in lebendiger Erinnerung: Im Rahmen des sogenannten Historikerstreites wurde über wissenschaftliche Fragen diskutiert; die Tonlage der Kritiker Ernst Noltes und seiner Mitstreiter (etwa die Tonlage in den polemischen Auseinandersetzungen von Jürgen Habermas mit Nolte, Stürmer und Hillgruber) aber war so moralisierend, dass man den Eindruck haben konnte, es gehe nicht eigentlich um die Richtigkeit einer historischen These, sondern vielmehr um einen Fall von „political correctness": Es schien so, als habe Nolte schon deshalb Unrecht, weil eine neue Sicht der historischen Rolle des Dritten Reiches (unabhängig von ihrer historischen Richtigkeit oder Falschheit) den Opfern des Dritten Reiches nicht zugemutet werden könnte. Noltes Gegner schienen zu unterstellen, dass die Neubewertung des „Faschismus in seiner Epoche" eine inakzeptable Beschämung oder Beleidigung der Opfer des Nationalsozialismus zur Folge hätte und deshalb von vorneherein zu verwerfen sei.

Was die Illusionen betrifft: Es ist sicher immer besser, einen anderen Menschen mit Respekt zu behandeln und dies auch in der Wortwahl zum Ausdruck kommen zu lassen, als ihn durch nachlässige Wortwahl zu irritieren oder ihm gar tatsächlich respektlos zu begegnen. Unterstellt man aber, dass der andere, um den es hier geht, nicht nur in seinem eigenen Selbstverständnis ein Opfer ist, so ist ihm die freundliche Wortwahl vielleicht ein Trost, ein nennenswerter Beitrag zur Verbesserung seiner sozialen Lage ist sie dagegen nicht. Immerhin aber ist es schön, dass ihm in seiner objektiv schlechten Lage eine zusätzliche und vermeidbare Beschämung erspart wurde. Allerdings bleibt ein Kleinwüchsiger kleinwüchsig, auch wenn ich ihn als „vertikal herausgefordert" einstufe.

Ich höre die Verteidiger der „political correctness" schon sagen, diese Argumentation sei sophistischer Wortzauber. Niemand nehme an, dass man objektive Benachteiligungen durch Veränderungen ihrer sprachlichen Bezeichnungen überwinden könne. Darum gehe es aber natürlich auch gar nicht. Vielmehr sei schon die zugestandene Ersparnis einer weiteren Demütigung der ohnehin benachteiligten Person ein Wert an sich, der die Mühen der Einübung eines neuen Vokabulars allemal rechtfertige. Zudem aber dürfe man die bewusstseinsprägende Kraft sprachlicher Ausdrücke nicht unterschätzen. Wenn sich in der Wortwahl Respekt vor der betroffenen Person ausdrücke, so helfe ihr dies bei der gerade in solchen Situationen so bitter notwendigen Entwicklung von Selbstbewusstsein – und dem anderen sei so der Weg zu einem echten Respekt vor der benachteiligten Person geebnet. Beides aber werde verhindert, wenn die übliche Wortwahl keinerlei Respekt für die benachteiligte Person erkennen ließe, wie dies z. B. für das Wort „kleinwüchsig" gelte.

Da muss ich nun erneut klein beigeben; dennoch werde ich irgendwie den Verdacht nicht los, es sei oft schwer zu entscheiden, welche Bezeichnung einem Betroffenen und seinen Mitmenschen am ehesten zu Selbstbewusstsein bzw. Respekt verhelfen könnte. Jedenfalls meine ich, dass die Neuschöpfung nichts unfreiwillig Komisches haben dürfe, und ich zweifle daran, dass alle Ersatzwörter aus dem Arsenal der „political correctness" diese Mindestbedingung für ihre erhoffte Wirksamkeit erfüllen. Mir persönlich kommt z. B. „Person mit alternativem Körperimage" komisch vor, gleichgültig ob es „Dickwanst" oder „Bohnenstange" ersetzt. Diese traditionellen Wörter haben – schon wieder meldet sich der Ästhet in mir – eine größere poetische Qualität als die dürre Neuschöpfung. Das gleiche gilt für „blau" und auch für „abgefüllt" statt „chemisch unpässlich".

Neben diesem Erfordernis der Vermeidung unfreiwilliger Komik ist m. E. auch darauf zu achten, dass es jemanden gibt, dem die Neuschöpfung hilft. Wenn ein verstorbener Mensch nicht mehr „Toter" genannt wird, sondern stattdessen als „nicht (mehr) lebende Person" bezeichnet wird, so wird ihm bzw. ihr offensichtlich keine vermeidbare Beschämung erspart, und mein Respekt vor dem/der Verstorbenen wird durch diese Wortwahl auch nicht vergrößert. Zudem scheint mir hier ein Kategorienfehler vorzuliegen: Tot zu sein ist kaum als eine soziale Benachteiligung einzustufen – und nur auf solche kann sich sinnvoller Weise die Weltverbesserung durch „political correctness" (PC) beziehen.

Hier zeigt sich deutlich, dass die Euphemismussucht mancher PC-Vertreter gelegentlich höchst seltsame und illusionäre Blüten treibt. Doch scheinen mir solche Übertreibungen nicht die generelle Verdammung von PC als Lügengespinst zu rechtfertigen. Und richtig ist es auch nicht, aus der bestenfalls langfristigen Wirksamkeit von PC zu schließen, was Duerr im gleichen Zusammenhang[38] glaubt schließen zu können, dass nämlich „Political Correctness" „die Illusion einer heilen Welt und einer behüteten und sauberen Gesellschaft" sei. Duerr deutet hier PC als rhetorische Ersatzhandlung desillusionierter und frustrierter Gesellschaftsreformer, die, da sie nach eigener Einschätzung trotz ihrer ernsthaften Bemühungen die Welt nicht haben verbessern können, doch wenigstens die Mitmenschen zwingen wollen, in einer sanfteren Sprache über die (unveränderte) Wirklichkeit (hinweg) zu sprechen.

Soviel ist trotz meiner Bedenken gegen seine Pauschalverdammung der Political Correctness an Duerrs Denken wahr: Man muss sich hüten, die manchmal wohl bloß symbolische Verbesserung unserer Sprache als ersten Schritt zur Verbesserung der sozialen Lage selbst misszuverstehen und naiv anzunehmen, diesem Schritt würden

[38] H. P. Duerr: „Ein Lügengespinst", Der Spiegel, 28/1994, 162

gewissermaßen zwangsläufig weitere, dann keinesfalls bloß symbolische Verbesserungen folgen. Genau deshalb warne ich vor den mit PC möglicherweise verbundenen Illusionen. Man glaube nicht an die Zauberkraft der bereinigten Sprache. Man sehe in ihr nicht mehr als einen – bei skrupulöser Handhabung – relevanten Beitrag zur Verbesserung des sozialen Klimas.

Aber auch hier kann der Verteidiger von PC noch parieren: „Political Correctness" ist, so lässt er sich vernehmen, keineswegs rhetorischer Handlungsersatz für aufgegebene Sozialreformen, sondern die sprachliche Vorbereitung einer Bewusstseinsveränderung, die die jetzt notwendigen Sozialreformen allererst ermöglichen.

Damit komme ich nun zum nächsten Punkt. Die Frage ist jetzt: Wer muss für die neue Errungenschaft Opfer bringen? Die Kritiker von PC haben keine Probleme bei der Nennung der Opfer: Sie selber sind es. So im Falle von Hans Peter Duerr, der sich durch die „Anstandsfraktion" sogar an Leib und Leben bedroht fühlt; aber auch im Falle von Dieter E. Zimmer (s. u.) ist deutlich Selbstverteidigung im Spiel. Nun steht die Welt endgültig auf dem Kopf: Die Täter reklamieren Opferstatus. Da kann doch etwas nicht stimmen. Sehen wir uns die Lage also etwas genauer an.

4 Political Correctness als „Tugenddiktatur"?

Wenn sich ernst zu nehmende Menschen als Opfer von PC fühlen, dann muss irgendwo ein Missverständnis vorliegen. Entweder ist PC nicht, was zu sein es vorgibt, oder die Opfer sind paranoide Haudegen, bei denen das Programm einer „Sensibilisierung" Ressentiments gegen eine linke Tugenddiktatur auslöst. – Wie ist die Lage denn nun (hier in Deutschland) wirklich?

> „Political Correctness" ist, in den Worten von Kurt Kister, „der Versuch, ganz allgemein die Sensibilität gegenüber Minderheiten aller Art zu fördern. Dazu gehört zum Beispiel das Streben, die Sprache von zu Klischees gewordenen Worten zu befreien, die Angehörige solcher Minderheiten verletzen könnten." Kister nennt als Beispiele solcher Klischees „Polackenwirtschaft", „jüdische Hast" und „weibische Memme"[39].

Für Dieter E. Zimmer verbirgt sich hinter dieser kaum sinnvoll in Frage zu stellenden Sensibilisierung durch Sprachreinigung eine neue Tugenddiktatur enttäuschter Linker. Er denkt hier ganz ähnlich wie der bereits zitierte Duerr. Für Zimmer gilt: „Aber die PC ist nicht nur eine Sprachregelung." Vielmehr ist sie in seiner Sicht ein Deckname für eine Sammlung von „Meinungen" und „stillschweigenden Denkprämissen", die allesamt direkt oder indirekt aus einer in seiner Perspektive höchst suspekten Quelle stammen, nämlich aus dem „diffusen Erbe der lange meinungsbeherrschenden Linken mit ihren frustrierten sozialistischen Hoffnungen, von denen heute nur noch die Erinnerung an einen warmen Schimmer übrig ist (die „Utopie"),

---

39 K. Kister: „Brüder im Ungeist", Süddeutsche Zeitung, Nr. 255, November 2003, 4.

angereichert aus allem, was die Kritikbewegung der sechziger Jahre seither absorbiert hat, von der Ökologie bis zur Esoterik."[40]

Faktisch gehe es zwar irgendwie tatsächlich auch um die Bekämpfung von Rassismus, Sexismus, Faschismus, Nationalismus u. ä. Aber, so stellt Zimmer fest, da werde unter dem Deckmantel dieses edlen Zieles doch allzu häufig eine Kultivierung von „Wut und Trauer" betrieben, die „überall Rassismus und Sexismus wittere und mit Beschwerden, Klagen, Demos, Redeverboten, Denkverboten dagegen einschreite."[41] Wer nicht für die unter dem Titel „PC" propagierten linken Werte (im Kern „soziale Gerechtigkeit", „Solidarität" und „Zukunft") sei, werde pauschal verdächtigt, klammheimlich ein Faschist zu sein: Wer sich in Deutschland nicht an die Gebote der PC hält, müsse sich den Vorwurf gefallen lassen, er leiste, bewusst oder unbewusst, dem Nazismus Vorschub, sei vielleicht sogar ein Nazi oder auf dem Wege dahin."[42] Denn: „Die PC ist unbarmherzig dichotomisch: Was nicht politisch korrekt ist, ist eben unkorrekt. (...) Sie ist zudem durch und durch moralisch: Das Inkorrekte ist nicht nur falsch, es ist böse."[43]

So hat sich denn in der Sicht eines Opfers, das noch dazu für mindestens vier weitere prominente Opfer (Martin Walser, Wolf Biermann, Botho Strauß und Hans Magnus Enzensberger) spricht, das zunächst so altruistisch aussehende Phänomen „political correctness" bei seinem Weg über den Atlantik in eine Art „Inquisition enttäuschter Linker" verwandelt, die sich jetzt an den Rechten dafür rächen, das diese die angestrebte grundlegende Reform der Gesellschaft verhindert haben.

Kurt Kister bescheinigt zumindest der amerikanischen Variante der PC noch ganz milde eine gewisse Nützlichkeit, die sich nur vor Übertreibungen hüten muss: „Jenseits solcher Grotesken ist political correctness allerdings ein, wenn auch oft problematischer Versuch, auf die zunehmende Zersplitterung der amerikanischen Gesellschaft zu reagieren. Entgegen landläufigen Legenden wird dieser Versuch nicht nur von den in den Institutionen angekommenen Vertretern der amerikanischen 68er-Bewegung orchestriert, sondern durchaus von, im deutschen Sinne, Liberalen unterstützt, und vor allem vehement von den immer selbstbewusster werdenden Angehörigen gerade vieler ethnischer Minderheiten eingefordert. Notabene, was in Deutschland oft als amerikanische Spinnerei kenntnislos und vorurteilsbeladen belächelt wird, trägt unter anderem dazu bei, dass in Amerika der Umgang zwischen Menschen verschiedener Rasse, Religion oder Geschlecht zivilisierter, höflicher und rücksichtsvoller ist als in Europa".[44]

---

[40] Dieter E. Zimmer: „PC oder: Da hört die Gemütlichkeit auf.", Die Zeit, Nr. 43, Oktober 1993, 59.

[41] Ebd.

[42] A. a. O., 60.

[43] Ebd.

[44] Kister, a. a. O.

Dieter E. Zimmer sieht dagegen nur noch die Schattenseite der in die Hände der frustrierten deutschen 68er-Bewegung geratenen „political correctness". So wundert es dann auch nicht mehr, dass sein Fazit alte Ressentiments gegen die damalige APO (Außerparlamenarische Opposition) zu neuem Leben erweckt: „Denn die PC ist am Austausch von Argumenten nur vorgeblich interessiert; in Wahrheit geht es nicht um Diskussion, sondern um deren vorbeugende Verhinderung. – Was PC ist, braucht keine Rechtfertigung und noch nicht einmal eine Begründung; was nicht PC ist, dem helfen auch Gründe nicht viel."[45]

In dieser Polemik drückt sich der Vorwurf aus, dass jedenfalls die deutsche Variante der „political correctness" nicht nur die Korrektheit der politischen Sprache anstrebt, sondern vielmehr auf die Entwicklung des „richtigen Bewusstseins" zielt.

In seiner Replik auf Zimmer weist Benedikt Erenz diese Vermutung als „Unterstellung" zurück.[46] Eindrucksvoll empfindet er nach, wie Zimmer sich und seine Freunde als Opfer des Gesinnungsterrors erfährt: „Kaum wagt einer mal einen kühnen Gedanken, schon kläfft, wie von einem Reflex überwältigt, die linke Meute los." – „Die Opfer: aufrechte, aufgeschlossene, gewissenhaft argumentierende, wahrheitssuchende Menschen."

Es scheint so, als habe PC in Deutschland schlafende Hunde geweckt. Auf diesem Kriegsschauplatz tobt sich unter dem Vorwand, über den Sinn von „political correctness" nachzudenken, ein von Ressentiments bestimmter, polemischer Kampf zwischen ideologischen Gegnern aus. Die in diesem Kampf eingesetzten Mittel sind die traditionellen Waffen der politischen Verunglimpfung des Gegners: Unterstellungen, Häme, Intoleranz, Dogmatismus, Rechthaberei etc. – allesamt Methoden der politischen Kommunikation, deren Abschaffung ein wesentliches Ziel im Programm der „political correctness" ist.

Der Kampf um den Sinn von „political correctness" wird hierzulande nicht „politisch korrekt" geführt. Wieso führt das Thema zu einer solchen Polarisierung und zu so viel Polemik auf beiden Seiten? – Meine Antwort darauf ergibt sich aus den Überlegungen, mit denen ich diese Reflexionen begonnen habe: Auch hierzulande gibt es das Opfer-Syndrom, und zwar nicht nur auf der Seite der Linken. Jeder der Kontrahenten in der politischen Manege fühlt sich unterdrückt, verächtlich behandelt, verfolgt oder gar (wie Hans Peter Duerr) bedroht. Und jeder kultiviert die eigene Selbstgerechtigkeit.

Diese Debatte um „political correctness" in Deutschland erscheint mir wie das Symptom einer aus paranoiden Grundeinstellungen gespeisten Hysterie unter einigen deutschen Intellektuellen. Es fehlt hier, wie so oft bei deutschen Intellektuellen, das notwendige Quäntchen Gelassenheit und die wünschenswerte Prise Selbstironie.

---

[45] Zimmer, a .a. O., 60.

[46] B. Erenz: „Die tausend Augen des Doktor PC", Die Zeit, Nr. 44, Oktober1993, 67.

Recht und Regel. Über die Paradoxie der Normalität.

1 Die Spannung von statistischer und regelfundierter Normalität.

Der im Alltag häufig zu hörende Satz: „Das ist (doch) nicht (mehr) normal!“ hat meiner Einschätzung nach zwei ganz verschiedene Bedeutungen. Die hier angesprochene Abweichung von einer Norm kann nämlich entweder statistisch gemeint sein oder sich auf die Verletzung einer moralischen bzw. rechtlichen Regel (Norm) beziehen. Beide Bedeutungen liegen so weit auseinander, dass Normalität im einem Sinne die radikale Abweichung von der Norm im anderen Sinne keineswegs ausschließt: So kann es etwa als statistisch normal gelten, dass bestimmte moralische oder rechtliche Normen gebrochen werden.

Dies gilt z. B. sicherlich für das moralische Lügenverbot und ebenso für das rechtlich fundierte Parkverbot. Es ließen sich jedoch mühelos viele andere Beispiele für solche normalen Abweichungen von Normen auf beiden Ebenen von Regeln, Recht und Moral, finden.

In bestimmtem Sinne leben sowohl Moraltheorie und Moralerziehung als auch Rechtstheorie und Rechtspflege gerade von diesem Umstand, dass nämlich weder moralisches noch rechtskonformes Verhalten völlig „normal“ sind, wenn unter „Normalität“ etwa „Selbstverständlichkeit“ oder „ausnahmslose Realisation“ verstanden wird. Ohne solche statistische Abweichung von der Norm bestünde wenig Anlass, Normen eigens zu begründen, zu reflektieren und durchzusetzen. Normalität im Sinne von Normativität setzt daher das Bestehen von Anormalität im Sinne von statistischer Normabweichung voraus.

Das so zu beschreibende spannungsvolle Verhältnis von statistischer und regelfundierter Normalität nenne ich das „Paradoxon der Normalität“. Zu diesem Paradoxon möchte ich im Folgenden einige philosophische Anmerkungen machen, die uns einiges lehren über das Verhältnis von Recht und Regel und damit über einen Wesenszug des Rechts.

2 Die Normalität der Normabweichung.

Die oben angesprochene statistische Normalität der Normabweichung, also das Paradoxon der Normalität, geht auf ein anthropologisches Faktum zurück, das ich als die für die conditio humana charakteristische „Situation strukturellen Mangels“ bezeichne. Dieser strukturelle Mangel hat seinen Ursprung in den für Menschen typischen Interessen, Wünschen und Bedürfnissen. Solche Strebungen auf physiologischer (Bedürfnisse), emotionaler (Wünsche) und intellektueller (Interessen) Ebene bestimmen den Wert des jeweils angestrebten Guts. Werte gibt es in meiner Sicht daher nur deshalb und nur in dem Maße, wie es diesen korrespondierende Wünsche, Interessen und Bedürfnisse gibt[47]. Werte sind ihrem Wesen nach Korrelate von Interessen, Wünschen und Bedürfnissen und wandeln sich daher mit diesen.

Auf die Konsequenzen dieser Fundierung von Werten in Strebungen komme ich später noch näher zu sprechen. Hier will ich zunächst noch eine Bemerkung über das Ausmaß dieser Strebungen, ihr Verhältnis zur Situation strukturellen Mangels und deren Bedeutung für Moral und Recht machen.

Die Rede von „strukturellem Mangel" ist die von mythologischem Ballast befreite Beschreibung der anthropologischen Wahrheit, dass die Erde für die Menschen eben nicht das Paradies ist. Philosophisch wäre das Paradies nämlich als derjenige Zustand zu beschreiben, in welchem keinerlei Mangel herrscht. Da die Feststellung von Mangel ihrerseits abhängig ist von den jeweils zugrunde liegenden Interessen, Wünschen und Bedürfnissen, lässt sich das Paradies philosophisch auch so beschreiben: Paradiesisch ist derjenige Zustand zu nennen, in welchem alle menschlichen Strebungen mühelos und konfliktfrei realisiert werden können.

Dies ist in der realen conditio humana ganz offensichtlich nicht der Fall. Vielmehr erfordert die Befriedigung von Interessen, Wünschen und Bedürfnissen in aller Regel Anstrengungen und Auseinandersetzungen. Im hier thematischen Kontext interessieren mich vor allem die Auseinandersetzungen. Sie sind in meiner Sicht Ausdruck des unvermeidlichen Wettbewerbs in der Situation strukturellen Mangels. In einer solchen Situation ergibt es sich zwangsläufig, dass zu einem bestimmten Zeitpunkt in der Regel mehr als nur eine Person ein bestimmtes Gut, sei dies materieller, emotionaler, sozialer oder intellektueller Art anstrebt. Deshalb konkurrieren in aller Regel Menschen um Erwerb und Besitz aller nur möglichen Güter. Die menschliche Gesellschaft ist wegen der Situation strukturellen Mangels ihrem Wesen nach eine Wettbewerbsgesellschaft. Es gehört zu den herausragenden Leistungen der menschlichen Kultur, Regeln für die Durchführung dieses unvermeidlichen Wettbewerbs erfunden zu haben, welche dafür sorgen sollen – und dies auch mit einigem Erfolg tun – dass die Konkurrenz nicht durchgängig zum Gebrauch von Gewalt führt. Hierbei ist vornehmlich, aber nicht ausschließlich an die Vermeidung von physischer Gewalt gedacht. Zur Kultivierung der Menschheit gehört auch die Einschränkung psychischer und sozialer Gewalt.

Die angesprochenen Regeln zur Vermeidung von Gewalt erscheinen in verschiedenen Formen, vornehmlich jedoch als Regeln der Moral und als (politisch beschlossene) Gesetze. Dass Menschen sich mit solchen Regeln trotz der mit ihnen notwendig verbundenen Einschränkung persönlicher Freiheit einverstanden erklären, liegt meines Erachtens an drei verschiedenen Faktoren. Zwei von diesen werden in diesem Zusammenhang häufig angeführt; aber auch der letzte, seltener bedachte Umstand

---

[47] Zu diesen Zusammenhängen vgl. G. Patzig: Ethik ohne Metaphysik, Göttingen 1971.

scheint mir für das Funktionieren von Recht und Moral von großer Bedeutung zu sein:

1. Menschen konkurrieren nicht nur von Natur aus miteinander; genauso natürlich kooperiert jeder psychisch gesunde Mensch mit anderen Menschen. Menschen sind, in einer berühmten Formulierung Immanuel Kants, charakterisiert durch eine „ungesellige Geselligkeit“: Sie können einander nicht leiden, aber auch nicht von einander lassen.[48]
2. Der vernünftige Mensch ist ein planendes Wesen. Erfolgreiche Planung aber setzt ein gewisses Maß an sozialer Stabilität und individueller Verlässlichkeit voraus. Moralische Regeln und staatliche Gesetze dienen der Förderung solcher Stabilität und Verlässlichkeit und damit zugleich dem wohlverstandenen Eigeninteresse des Individuums.
3. Obwohl die staatlich sanktionierten Regeln Gesetze heißen, unterscheiden sie sich doch in wesentlichen Punkten von den Naturgesetzen, z. B. auch darin, dass man Gesetze, die die Menschen sich selbst geben, befolgen kann und aus den gerade genannten Gründen auch befolgen sollte. Niemand aber ist wirklich gezwungen, solchen Gesetzen Folge zu leisten. Ihnen gegenüber bleibt das Individuum letztendlich frei. Nur wegen dieser Freiheit ist das eingangs geschilderte Paradoxon der Normalität überhaupt möglich. Ihretwegen ist es richtig zu sagen, niemand liefere sich einer moralischen Regel oder einem staatlichen Gesetz dadurch völlig aus, dass er es (prinzipiell) anerkenne. Auch wer Lügen- und Parkverbote prinzipiell anerkennt, lügt doch immer mal wieder und ähnliches gilt für sein Parkverhalten. Bezüglich solcher Regeln und Gesetze bleiben Umgehungen und Kündigungen prinzipiell immer möglich. – Naturgesetze dagegen lassen niemandem eine solche Freiheit: Wer sich ungeschützt der Schwerkraft ausliefert, der fällt. Der diskrete Charme von Gesetz und Moral dagegen besteht gerade in der hier waltenden Normalität der Normabweichung. Sie erleichtert die Zustimmung erheblich.

3 Zur Konstanz und zum Wandel von Normen.

Verschiedene Kulturen und verschiedene Zeiten haben unterschiedliche Gesetze und moralische Regeln. In meiner Sicht drückt sich darin die Tatsache aus, dass moralische Regeln und gesetzliche Normen Korrelate sich wandelnder Interessen, Wünsche und Bedürfnisse sind. Der sogenannte Wertewandel ist in meiner Sicht beschreibbar als Veränderung der den Werten und Gütern korrespondierenden Strebungen der Menschen. In einer Gesellschaft von Selbstmord-Kandidaten hat das menschliche Leben keinen hohen Wert, weil ihm kein entsprechendes Bedürfnis korrespondiert. Analoges gilt für den Privatbesitz in einer menschlichen Gemeinschaft, deren

[48] Vgl. I. Kant: „Idee zu einer allgemeinen Geschichte in weltbürgerlicher Absicht.“ Ausgewählte kleinere Schriften, Hamburg 1969, 27-44; insbesondere: Vierter Satz.

Mitglieder Besitzlosigkeit als Freiheitsgewinn verstehen und ein entsprechendes Freiheitsbedürfnis haben. Mit den Interessen, Wünschen und Bedürfnissen ändern sich daher auch die Güter und Werte.

Auch bei der Beschreibung des Wandels und der Konstanz von Werten ist die Bezugnahme auf das Paradoxon der Normalität hilfreich.

In einer liberalen, demokratischen Gesellschaft wie der unsrigen werden alte Regeln nämlich nicht gewaltsam aufrechterhalten; und neue Regeln und Gesetze werden nicht gewaltsam eingeführt. Vielmehr vollziehen Moral und Gesetz in aller Regel Wandlungen der Interessen, Wünsche und Bedürfnisse von Menschen dann nach, wenn der Widerspruch zwischen statistischer und regelfundierter Normalität als zu belastend empfunden wird.

Idealtypisch lässt sich dieser interessante Vorgang wie folgt beschreiben: Zu einem frühen Zeitpunkt T1 (50er Jahre) gibt es eine statistische Normalität des Typs S1 (heterosexuelle Lebensgemeinschaft). Daher formuliert der Gesetzgeber die dieser Normalität entsprechende Norm N1 (ehebezogenes Erb- und Steuerrecht). Statistische und regelfundierte Normalität liegen im Normalfall bei der Etablierung neuer Regeln und Normen zunächst also nahe beieinander. Die Norm aber bleibt üblicher Weise über lange Zeit konstant, während sich wegen verändernder Interessen, Wünsche und Bedürfnisse die statistische Normalität (Lebensform) relativ rasch verändert. Statistische und regelfundierte Normalität driften sukzessive immer weiter auseinander. In einer funktionierenden liberalen und demokratischen Gesellschaft ist dann schließlich einmal der Zeitpunkt gegeben, in dem eine neuerliche Anpassung der Norm an die (statistische) Normalität erfolgen muss, wenn die Norm nicht obsolet werden soll und daher zur Wirkungslosigkeit verdammt ist oder gar als ungerecht empfunden wird.

Andererseits gilt jedoch auch: Eilfertige Normanpassung an sich wandelnde statistische Normalität wäre ebenso verhängnisvoll wie starrsinniges Festhalten an obsolet gewordenen Gesetzen und Regeln. Eine Kultur braucht zu ihrem Bestand nämlich nicht nur den Wandel von Werten und Normen, sondern vielmehr auch deren Konstanz. Kulturen sind im Kern durch relativ stabile Wertsysteme definiert. Diese Werte eilfertig sich wandelnden Moden anzupassen, heißt daher zwangsläufig, die Identität einer Kultur gefährden. Es ist in meiner Sicht die bedeutendste kulturelle Leistung des Gesetzgebers, d.h. der Politik, dass die immer wieder notwendige Anpassung von statistischer und regelfundierter Normalität weder zu zögerlich noch zu eilfertig erfolgt. Politische Führung setzt daher u. a. ein in diesem Sinne verstandenes Gespür für das rechte Maß und den richtigen Zeitpunkt solcher Anpassungen von Normen und Regeln an die sich wandelnde statistische Normalität voraus.

4 Das Recht als Kulturbereich.

Moral, Recht, Politik, Religion, Wirtschaft, Wissenschaft, Kunst, Sport und Philosophie (u. a.) sind einzelne, durch je spezifische Werte fundierte Kulturbereiche, welche in ihrem Zusammenwirken eine Kultur definieren. Jeder einzelne dieser Kulturbereiche verdankt seine Existenz und Autorität seinem spezifischen Ort im Ganzen der jeweiligen Kultur. Eine lebendige Kultur ist durch eine „ungesellige Geselligkeit" der verschiedenen sie konstituierenden Kulturbereiche, also durch eine spezifische Verbindung von Konkurrenz und Kooperation zwischen ihnen charakterisiert. Deformierte Kulturen dagegen haben das Spezifikum, dass in ihnen *ein* Kulturbereich alle anderen dominiert. Ich nenne solche Kulturen fundamentalistisch, weil in ihnen ein einziger Kulturbereich und nicht das Zusammenwirken aller Kulturbereiche als das Fundament der jeweiligen Kultur angesehen wird. Nach Nietzsche ist das Leben des Einzelnen auf Kosten des Ganzen ein Zeichen von Dekadenz. Fundamentalismus in meiner Beschreibung wäre daher für Nietzsche eine Erscheinungsform der Dekadenz.[49]

Fundamentalismen dieser Beschreibung sind in vielen Formen denkbar und in einigen dieser möglichen Formen auch realisiert worden. Manche Kulturen wurden von der jeweiligen Religion dominiert, andere von ihren vermeintlich wissenschaftlichen Weltanschauungen. Alle diese Dominanzen sind in meiner Sicht problematisch.

Jede Kultur ist in der Gefahr, aus ihrer Mitte einen spezifischen Kulturbereich besonders herauszuheben und ihn letztendlich faktisch dominant zu setzen. In der dezidiert modernen Kultur drohte eine Zeit lang die Dominanz der Kulturbereiche Wissenschaft und Technik, die Entstehung also einer szientistischen oder homo-faber-Kultur. Jetzt droht die Entstehung einer fundamentalistisch ökonomischen Kultur. Das an sich auch nicht völlig unproblematische „postmoderne" Denken hat mit seinen skeptischen und ironischen Neigungen hier jedoch fruchtbare Grenzen gesetzt.

Aktuell droht immer wieder einmal ein zumindest partieller juristischer Fundamentalismus, dann nämlich wenn z. B. die Politik sich in Rechtsstreit auflöst, politische Fragen also an den Kulturbereich des Rechts delegiert werden. Der kann, wie sich dann oft zeigt, glücklicher Weise auch nicht alle Fragen lösen. So zeigt sich auch in diesen Fällen, dass die verschiedenen Kulturbereiche ihr jeweiliges eigenes Existenzrecht haben und ohne Schaden für die Gesamtkultur nicht aufeinander reduziert werden können.

5 Rechtsprechung im Spannungsbereich unterschiedlicher Kulturen.

Moderne Gesellschaften werden zunehmend transkulturell: Die Kulturen vermischen sich. Was bedeutet diese Entwicklung für das hier entwickelte Bild von einzelnen Kul-

---

[49] Vgl. hierzu Nietzsches Überlegungen in: „Der Fall Wagner. Ein Musikanten-Problem.", Kritische Studienausgabe Bd. 6, München 1999, 9ff, insbes. 21ff.

turen als wertfundierten und relativ stabilen Produkten des Zusammenwirkens von Recht, Moral, Politik, Religion, Wirtschaft, Kunst, Wissenschaft, Sport und Philosophie (u. a.). Wird mein Kulturbegriff nicht zusehends obsolet?

Ich glaube, das ist nicht der Fall. Kulturen haben sich immer verändert; sie sind jedoch, solange sie lebendig waren, gegenüber den sich rasch wandelnden Moden immer auch relativ stabil geblieben. Das historisch übrigens auch nicht neue Phänomen der Transkulturalität verändert die Lage nicht grundsätzlich. Die Vermischung der Kulturen fügt lediglich eine neue Art von Anpassungsgrund in die Dynamik einer bestehenden Kultur ein: Neue Minderheiten haben einen Anspruch auf gerechte Behandlung, d. h. auf eine angemessene Berücksichtigung der für sie spezifischen Interessen, Wünsche und Bedürfnisse. Auch hier wächst der Anpassungsdruck natürlich mit der statistischen Bedeutsamkeit der jeweiligen Minderheit.

In solchen Fällen sind bei der Entscheidung über erwünschte oder geforderte Normanpassungen meines Erachtens drei Faktoren zu berücksichtigen:

1. Keine Normanpassung darf so maßlos oder übereilt erfolgen, dass sie die Identität der jeweiligen Kultur gefährdet.
2. Gerecht ist eine Anpassung in dem Maße, in welchem sie Rechte (von Minderheiten) angemessen berücksichtigt. Rechte aber verstehe ich als *begründete* Ansprüche.
3. Angemessenheit in solchen und ähnlichen Fällen richtig zu beurteilen, ist eine der zentralen Aufgaben einer politischen Kultur.

Der englische Philosoph John Stuart Mill definiert Gerechtigkeit (implizit) als Berücksichtigung von Rechten im Sinne begründeter Ansprüche.[50] Als mögliche Gründe für solche Ansprüche führt er an:

1. die Achtung vor den gesetzlich verbürgten Ansprüchen einer Person
2. die Achtung vor den moralisch begründeten Ansprüchen einer Person
3. das Bemühen darum, dass jedermann bekommt, was zu bekommen er verdient bzw. dass niemand etwas erleidet, das zu erleiden er nicht verdient
4. die moralische Verpflichtung zur Einhaltung von Versprechen und zur Erfüllung berechtigter Erwartungen (etwa im Sinne von Dankbarkeit für erwiesene Wohltaten)
5. Unparteilichkeit. – Sie ist eng verknüpft mit der Idee der Gleichheit (vor Moral und Gesetz).

Wie man leicht sieht, sind diese fünf Begründungsstrategien nicht sauber voneinander getrennt. Ich will mich daher nur auf Mills Kerngedanken beziehen und diesen für unsere Thematik fruchtbar machen. Dieser zentrale Gedanke ist der folgende: Rechte setzen Begründungen voraus, und diese folgen notwendig einem der gerade

[50] J. S. Mill: Der Utilitarismus, Stuttgart 1985, 72ff.

gegebenen fünf Muster. Kann ein Anspruch nicht auf eine dieser Weisen begründet werden, so ist er ein bloßer Anspruch und kein Recht.

Veränderungen bestehender Rechtsnormen und auch moralischer Vorschriften sind vernünftiger Weise in einer aufgeklärten und demokratischen Gesellschaft aber nur dort gefordert, wo Rechte existieren, die mit bestehenden Normen und Vorschriften konfligieren. Unbegründete Ansprüche sind aber keine solchen Rechte und reichen daher als Motivationen für eine Veränderung von Normen und Vorschriften nicht aus.

Akademische Skepsis

Der diskrete Charme angewandten Nichtwissens. Eine kurze Reflexion über das Glück des Skeptikers.

Alle Suche, auch diejenige nach einer (ersten) Wahrheit, beginnt mit einem Paradoxon[1]: Jedes Suchen (griech.: skepsis) setzt einerseits voraus, dass das Gesuchte noch nicht gefunden wurde, andererseits aber, dass es auch nicht gänzlich unbekannt ist; denn sonst wüsste der Suchende nicht einmal, wonach er sucht. Seine Suche wäre von vorneherein zum Scheitern verurteilt; und auch ein eventuell zufällig sich einstellendes Gelingen der Suche könnte sich selber nicht als erfolgreicher Abschluss der Suche nach dem Gesuchten verstehen, weil eben dieses unbekannt ist. Insofern nun Philosophie ein Streben nach Wissen, also eine Suche, darstellt, ist sie – wie alles Wissensstreben – von diesem Paradoxon betroffen. Alle Philosophie beginnt also mit der Anwendung von Nichtwissen; sie ist daher in ihrem Ursprung angewandtes Nichtwissen.

Der Sinn dieses Paradoxons wird deutlich, wenn man Wissen von bloßem Meinen unterscheidet und „angewandtes Nichtwissen" auf der Seite des Meinens verortet. Ob wir als Menschen etwas wissen oder wissen können, hängt nämlich vor allem davon ab, welche Kriterien wir dafür in Ansatz bringen, um eine Meinung eben als Wissen zu akzeptieren. Eine aus der antiken Skepsis stammende Idee hierzu ist die folgende: Eine Meinung ist nur dann ein Wissen, wenn sie nicht widerspruchsfrei in Frage gestellt werden kann (Kriterium der Unbezweifelbarkeit). Diese Einstellung leitet auch noch Descartes' berühmten „methodischen Zweifel".

Es ist nicht in gleichem Masse sinnvoll, von „meinem Wissen" zu sprechen, wie es Sinn macht, eine Meinung als „die meine" zu bezeichnen. Wenn mein Wissen nämlich wirklich Wissen ist, so ist es nur in dem Sinne meines, als ich es – im Unterschied zu anderen Personen – bereits erworben habe; nicht jedoch in dem Sinne, dass andere das Gegenteil von dem wissen könnten, was ich weiß. Meinen können sie dagegen dieses Gegenteil sehr wohl. Eine Meinung ist nämlich im Gegensatz zu einem Wissen nicht per definitionem richtig. Sie unterscheidet sich von anderen Meinungen nicht nur inhaltlich, sondern steht mit diesen in einem noch unentschiedenen

[1] Eine frühere Fassung dieses Textes ist erschienen in: Ungewußt. Die Zeitschrift für angewandtes Nichtwissen 9/2001, 3-7.

Konkurrenzverhältnis. Meinungen können per definitionem falsch sein, Wissen dagegen ist Wissen nur dann, wenn es wahres Wissen ist. Insofern ist Wissen seiner Struktur nach immer entpersonalisiert: Es gilt für alle Personen; denn etwas kann nicht bloß für einige Personen wahr sein, für andere aber nicht. Meinungen sind im Gegensatz dazu immer die Meinungen bestimmter Personen; ihr Wahrheitsanspruch gilt nur für diese Personen.

Vor diesem Hintergrund sind zunächst zwei gegensätzliche Typen von Denkern definierbar: (a) der dogmatische Denker: er hält unbezweifelbare Meinungen, also Wissen für möglich – (b) der skeptische Denker: er hält (fast) alle Meinungen für bezweifelbar; für ihn gibt es daher (fast) kein Wissen. Für die Thematik des angewandten Nichtwissens ergibt sich daraus als erste Folgerung eine solche bezüglich der Nähe der Theorie des angewandten Nichtwissens zur skeptischen Tradition in der Philosophie: Für den philosophischen Skeptiker sind alle Entscheidungen nämlich angewandtes Nichtwissen.

Aber auch der philosophische Dogmatiker bezweifelt nicht die Realität und die Bedeutung angewandten Nichtwissens: Er glaubt zwar, dass es auch echtes Wissen gibt und demnach manche Entscheidungen angewandtes Wissen sein können. Keineswegs aber gehört es zur dogmatischen Position, dass die Existenz angewandten Nichtwissens generell in Frage gestellt wird. Als eine erste Einsicht über die Rolle angewandten Nichtwissens im Spannungsfeld von philosophischer Skepsis und Dogmatik ergibt sich demnach der Satz: Im Rahmen der philosophischen Grundorientierungen erkennen sowohl der Dogmatiker als auch der Skeptiker die Realität angewandten Nichtwissens an.

Eine interessante Definition angewandten Nichtwissens bestimmt dieses als „den Umgang mit nicht objektivierbaren, gleichzeitig aber nicht beliebigen Begriffen und Vorstellungen“[2]. Diese Definition hat eine strukturelle Verwandtschaft mit dem skeptischen Kriterium der „Unbezweifelbarkeit“. Diese Verwandtschaft zeigt sich im Begriff der „Nicht-Objektivierbarkeit“. Für die hier durchgeführten Überlegungen setze ich diese beiden Begriffe provisorisch gleich. Dann lässt sich die Hauptüberzeugung der „Nichtwissenden“ in skeptischer Manier wie folgt beschreiben: Viele Entscheidungen (theoretischer und praktischer Art) beruhen auf Meinungen, die widerspruchsfrei bezweifelt werden können. – Die pragmatische Reaktion darauf ist schlicht: „Ein solcher Zweifel ist möglich; entscheiden müssen wir uns aber trotzdem.“

Dieser pragmatische Einwand muss aber weder den Skeptiker noch den „Nichtwissenden“ irritieren. Die Notwendigkeit von Entscheidungen wird ja weder von dem einen noch von dem anderen in Frage gestellt. Beiden geht es vielmehr nur um

[2] Ungewusst. Zeitschrift für angewandtes Nichtwissen, 7/1999, 57.

die Geltungsansprüche der die Entscheidungen jeweils begründenden Meinungen, d. h. letztlich um deren jeweilige eigene Begründbarkeit.

Der originelle Gedanke ist in diesem Zusammenhang aus meiner Sicht der folgende: Bezweifelbarkeit (Nicht-Objektivierbarkeit) hat keineswegs Beliebigkeit zur Folge. Das ist eine wichtige Entdeckung. Sie besagt nämlich, dass es eine nicht vollständig begründbare, dennoch aber keineswegs willkürlich anerkannte Form von Wissen gibt. Zudem wird angenommen, dass diese Form des Wissens häufig vorkommt. Wie häufig, das ist gerade eine der Forschungsaufgaben des Instituts.

Versteht man angewandtes Nichtwissen als den „Umgang mit nicht objektivierbaren, gleichzeitig aber nicht beliebigen Begriffen und Vorstellungen", so stellt sich zudem die Frage, warum nicht-objektierbare Begriffe und Vorstellungen nicht zugleich auch beliebig sind. Eine mögliche Antwort auf diese Frage ist: Nicht-Beliebigkeit ist etwa dann gegeben ist, wenn ein Begriff (hier der Begriff „Kunst") zwar nicht eindeutig positiv definiert werden kann, wir aber dennoch sehr genau sagen und begründen können, dass etwas Bestimmtes nicht Kunst ist.[3]

Also: Um zu wissen, dass etwas nicht Kunst ist, muss man nicht (genau) wissen, was Kunst ist. Aber: Um zu wissen, dass etwas nicht Kunst ist, muss ich doch etwas über Kunst wissen, z. B. zu welchem Bereich von Objekten Gegenstände gehören müssen, damit sie Kunstwerke sein können: Sie müssen z. B. Werke (Artefakte) sein, damit sie Kunstwerke sein können.

In diesem Falle also liegt das Geheimnis der Nicht-Beliebigkeit offensichtlich darin, dass man zwar keine hinreichenden Bedingungen für das Vorliegen eines „Falles von Kunstwerk", wohl aber einige notwendige Bedingungen dafür kennt.

Angewandtes Nichtwissen hat also manchmal die Form: Ich kenne einige notwendige, aber nicht die hinreichenden Bedingungen für das Vorliegen eines Falles von X. D. h.: Ich weiß etwas von X, ohne dass ich doch genau sagen könnte, was X ist.

Daraus scheint sich folgendes zu ergeben: Zu wissen, was X ist, scheint zu bedeuten, dass man alle hinreichenden Bedingungen für das Vorliegen eines Falles von X kennen muss. Oft aber kennen wir diese nicht, wohl aber etliche notwendige Bedingungen. Deshalb ist unser Wissen nicht „objektivierbar", aber auch nicht beliebig.

Wenn angewandtes Nichtwissen in dieser Weise – als „unvollständiges Wissen" – von „haltloser Vermutung" unterschieden wird, kann es sogar positiv besetzt werden: Es hat dann einen „diskreten Charme" (einen verborgenen Zauber). Dieser ruht auf der Einsicht, dass es (aus den verschiedensten Gründen) gut sein kann, etwas nur unvollständig zu wissen, d. h. zwar zu wissen, was es nicht ist, aber nicht genau sagen zu können, was es ist.

---

3 Vgl. Ungewußt 7/1999, 57-76.

Die Entdeckung des so verstandenen Nichtwissens führt zu drei belebenden Einsichten:

1. Sinnvolle Entscheidungen setzen keineswegs immer vollständiges Wissen voraus; denn, wie der Umgang mit notwendigen Bedingungen zeigt, kann man mit bestimmten Begriffen sehr erfolgreich operieren, auch wenn man sie nicht positiv definieren kann.
2. Dass wir manches nicht leicht oder sogar gar nicht vollständig wissen können, macht das Streben nach vollständigem Wissen obsolet. Wir lernen also, dass bestimmte intellektuelle Anstrengungen uns unglücklich machen, wenn wir damit die Hoffnung auf Erfüllung verbinden; denn nicht erfüllte Hoffnungen sind Enttäuschungen (Frustrationen); und Enttäuschung ist eine wichtige Quelle für Unglück.
3. Das Ungewusste kann sogar als angenehm empfunden werden; denn Menschen haben ein Bedürfnis nach dem Geheimnisvollen. Gäbe es aber nicht das Ungewusste (und auch das Unwissbare), so gäbe es vielleicht bald keine Geheimnisse mehr. Das könnte trostlose Langeweile zur Folge haben!

Die Theorie des Angewandten Nichtwissens ist demnach wie die antike Skepsis ein Beitrag zum geglückten Leben: Sie befreit uns von falschen Hoffnungen (letztlich alles vollständig wissen zu können); sie erlöst uns von unnötigen Ängsten (intellektuell zu scheitern, indem wir vielen unserer Entscheidungen unvollständig begründetes Wissen zugrunde legen); und sie bewahrt uns vor der Sorge, unser Leben könnte einmal langweilig werden: Sie lehrt uns nämlich, dass es immer Geheimnisse und Überraschungen geben wird.

All das – und vielleicht noch einiges mehr – rechtfertigt die ernsthafte Auseinandersetzung mit den Problemen des Angewandten Nichtwissens.

Soll man alles wissen wollen? Zur Kritik des „Faustischen".

Zu den zentralen Bedingungen des Lebens in Europa gehört die Tatsache, dass wir in einer christlich geprägten Kultur sozialisiert sind, die seit der Aufklärung um einen zweiten Pfeiler ergänzt worden ist. Um diesen zweiten Pfeiler geht es mir im folgenden Text hauptsächlich. Ihm kann man verschiedene Namen geben. Ich schlage vor, ihn „wissenschaftlich-technische" Vernunft zu nennen. Entscheidend ist für mich dabei nicht der Bezug auf Technik und Wissenschaft, sondern vielmehr derjenige auf Vernunft. Es geht mir genauer um das Verhältnis von individuellem Lebensglück und aufklärerischer Rationalität. Dieses Verhältnis ist in meiner Sicht problematisch. Vernunft und Glück sind keine natürlichen Geschwister. Der moderne Mensch aber kann sich selbst nur gerecht werden, wenn er sein Glück eben unter den Bedingungen aufgeklärter Rationalität verwirklicht. Das ist jedoch schwierig. Bestimmte Formen naiven Glücks (etwa ein solches religiöser Herkunft) verbieten sich nämlich unter dieser Perspektive.

Ich habe dem entsprechend zwei verschiedene Nachrichten, eine gute und eine schlechte. Die gute ist: Glück ist auch unter den Bedingungen der Moderne möglich. Die schlechte lautet: Dieses Glück ist ohne philosophische Bemühungen nicht zu erreichen. Das (von Philosophen gewünschte) Glück ist – sozusagen – anstrengend. Ich werde (genauer) die Ansicht zu begründen versuchen, dass geglücktes Leben heute eine bestimmte Art von (philosophisch geprägter) existenzieller Ironie erfordert. Modernes Glück ist meiner Überzeugung nach eine Tochter der Ironie, genauer der Romantischen Ironie – insofern verstehe ich mich als philosophischer Neo-Romantiker.

In einem ersten Teil kommentiere ich einen entscheidenden Grundzug aufgeklärter Existenz: das (unbedingte) Streben nach Wissen. Im Anschluss an Goethes „Faust“ unterscheide ich hierzu zunächst zwei grundverschiedene Arten dieses Wissensstreben: das positivistische und das philosophische Streben nach Wissen: Streben nach Sachwissen und Streben nach Sinnwissen.

1 Die Grundformen aufgeklärten Wissens: Sachwissen und Sinnwissen

In den ersten Szenen von Goethes Drama „Faust. Der Tragödie erster Teil“ verbindet sich eine Gelehrtentragödie mit einer Universitätssatire. Das Tragische und das Satirische heben sich jedoch keineswegs wechselseitig auf. Vielmehr bleiben sie, wie die ihnen zugrundeliegende Spannung, unvereint nebeneinander bestehen und verstärken in dieser Form den dramatischen Effekt der Eingangsszenen des Dramas. Dies ist deshalb möglich, weil Gelehrtentragödie und Universitätssatire sich auf zwei verschiedene Personen konzentrieren.

Im Zentrum der Gelehrtentragödie steht die Titelfigur des Dramas: Dr. Heinrich Faust; im Mittelpunkt der Universitätssatire agiert dagegen dessen ungeliebter Schüler Wagner. Beide sind Gelehrte, repräsentieren aber zugleich schroff gegensätzliche Wissenschaftlertypen. Meine These ist nun, dass der Eindruck des Tragischen bei Faust und der des Komischen bei Wagner aus der gleichen existenziellen Grundspannung resultieren; nämlich aus dem Konflikt zwischen einem grenzenlosen Wissensstreben und der unüberwindlichen Beschränktheit menschlicher Erkenntnisfähigkeit.

In den ersten Sätzen von Kants „Kritik der reinen Vernunft“ ist dieser Konflikt präzise beschrieben:

> "Die menschliche Vernunft hat das besondere Schicksal in einer Gattung ihrer Erkenntnisse: daß sie durch Fragen belästigt wird, die sie nicht abweisen kann; denn sie sind ihr durch die Natur der Vernunft selber aufgegeben, die sie aber auch nicht beantworten kann; denn sie übersteigen alles Vermögen der menschlichen Vernunft.“ (A VII)

Meine Titelfrage: „Soll man alles wissen wollen?“ scheint Kant also dahingehend zu beantworten, dass die Vernunft selbst kraft ihres Strebens nach unbegrenzter Erkenntnis den Menschen dazu treibt, alles wissen zu wollen. Ich halte diese Interpretation nun zwar für verführerisch; doch glaube ich nicht, dass sie auf beide hier zu unterscheidenden Wissensformen zutrifft. Vielmehr glaube ich, dass nur Fausts Wissensstreben im Sinne Kants gedeutet und legitimiert werden kann.

Ich will daher versuchen, den Konflikt zwischen Gelehrtentragödie und Universitätssatire in Goethes „Faust" so zu interpretieren, dass er zum Schlüssel für ein richtiges Verständnis des Kant-Textes wird.

Das zu erklärende Ausgangsphänomen ist der seltsame Sachverhalt, dass Wagners unbegrenztes Wissensstreben ihn lächerlich macht, dieses Wissensstreben Faust dagegen eine tragische Größe verleiht. Dies ist deshalb auf den ersten Blick besonders verwunderlich, weil beide ihr Streben in ähnliche Worte zu kleiden scheinen.

Faust beschreibt seinen Ehrgeiz wie folgt:

> „Dass ich erkenne, was die Welt
> im Innersten zusammenhält,
> Schau' alle Wirkenskraft und Samen,
> Und tu' nicht mehr in Worten kramen." (382-385)

Wagner klingt zunächst ganz ähnlich:

> „Mit Eifer hab' ich mich der Studien beflissen;
> Zwar weiß ich viel, doch möcht' ich alles wissen." (600-601)

Ich bin davon überzeugt, dass sich in diesen zunächst so ähnlich klingenden Sätzen ganz unterschiedliche Wissenstypen ausdrücken. Wagner repräsentiert den fortschrittsgläubigen *positivistischen* Wissenschaftstyp, der sich die Lösung der Weltprobleme von einer quantitativen Ausdehnung des Sachwissens verspricht. In einer Formulierung von Jürgen Mittelstraß könnte man auch sagen: Wagners Vollständigkeitsstreben bezieht sich auf das *Verfügungswissen*[4]; also auf ein Wissen um die *Mittel*, deren Kenntnis uns die Lösung der pragmatischen Probleme der menschlichen Existenz ermöglicht. Im (angewandten) Verfügungswissen, insbesondere in der Technik, machen wir uns die Welt – in begrenztem Umfang – gefügig. Das aber heißt: Wir ordnen sie Zwecken unter. Über die Zwecke selber (und deren eventuell gegebenen Sinnzusammenhang) ist im Verfügungswissen noch nichts erkannt. Eine typische Anwendungsform dieses Verfügungswissens ist das *technische* Wissen.

Faust dagegen ist ein (skeptischer) Vertreter eines Wissens von den *Zwecken*. All das von Wagner so verehrte positive Wissen hat deshalb seinen Erkenntnisdrang nicht befriedigt; denn all dieses Wissen hat es nur mit den Mitteln zu tun. Faust ist als Vertreter des akademischen Wissens zugleich selbstbewusst und zutiefst enttäuscht:

---

4 Zum Gegensatz von Verfügungs- und Orientierungswissen vgl. J. Mittelstraß u. a. in: „Glanz und Elend der Geisteswissenschaften", in: Kultur verstehen, Würzburg 2003, 35ff.

„Zwar bin ich gescheiter als alle die Laffen,
Doktoren, Magister, Schreiber und Pfaffen;
Mich plagen keine Skrupel noch Zweifel,
fürchte mich weder vor Hölle noch Teufel –
Dafür ist mir auch alle Freud’ entrissen,
Bilde mir nicht ein, was Rechts zu wissen,
Bilde mir nicht ein, ich könnte was lehren,
Die Menschen zu bessern und zu bekehren. (366 – 373)

Man darf unterstellen, dass Fausts Selbsteinschätzung zutrifft. Das heißt für mich vor allem: All sein Wissen hat ihn nicht glücklicher gemacht. („dafür ist mir auch alle Freud’ entrissen.“) Dabei ist er Wagner im Bereich positiven Wissens zumindest ebenbürtig: Er hat nämlich alle vier Fakultäten der klassischen Universität – Philosophie, Jura, Medizin und Theologie – durchlaufen. Viel gelehrter kann man also kaum sein. Im Gegensatz zu Wagner aber befriedigt ihn dieses positive, akademische Wissen nicht. Es ist, wie ich sagen will, kein Wissen vom Leben, sondern eben bloß akademisches Wissen. Ihm fehlt der Bezug zur moralischen Verbesserung und damit zugleich auch derjenige zum gelingenden Leben. Die Schlusszeilen des gerade gegebenen Zitates machen deutlich, dass gerade dieser fehlende Bezug zum gelingenden Leben das akademische Wissen für Faust wertlos macht: „(. . .) bilde mir nicht ein, ich könnte was lehren, die Menschen zu bessern und zu bekehren“.

Faust strebt offenbar nach einem Wissen, das die moralische Situation der Menschen verbessert. Zwar ist er weit davon entfernt, ein kleinkarierter, etwa gar klerikal infizierter Moralapostel zu werden; doch nimmt er die hier anstehenden Fragen nach dem „Sinn des Ganzen“ ("was die Welt im Innersten zusammenhält“) ganz ernst.

Die moralische Situation des modernen Menschen ist wegen des Wegfalls religiös verbürgter metaphysischer Sinngewissheit in einer besonderen Weise durch ein Defizit an Sinn-Wissen geprägt. Dieses ist durch kein Maß und keine Form von Sachwissen zu ersetzen; denn es ist eine ganz andere Art von Wissen. In den Termini von Mittelstraß formuliert: Faust geht es um *Orientierungswissen*, d. h. um ein Wissen von den Zwecken. Ein solches Wissen aber hat immer Lebensbezug, weil es sich auf die Unterscheidung des Wichtigen vom Unwichtigen, des Nützlichen vom Unnützen, des Guten vom Bösen etc. bezieht. Es hat demnach auch eine unmittelbare Bedeutung für unser Streben nach einem gelingenden Leben.

Dieses nicht bloß akademische Wissen ist kein quantitatives Wissen um die Mittel, mit denen wir pragmatische Zwecke erfüllen können, sondern ein qualitatives Wissen um den Grund und den Sinn dieser pragmatischen Zwecke selbst.

Sofern also Faust auch nach dem Durchstreifen des gesamten akademischen Wissens noch immer unglücklich ist, liegt dies daran, dass sein Vollständigkeitsstreben im Gegensatz zu dem Wagners sich nicht auf Sachwissen, sondern vielmehr auf Sinnwissen bezieht. Mit den Fragen nach Sinn und Zweck (zumal des „Ganzen“) ist in Faust ein spezifisch philosophisches Streben lebendig geworden. Seine Tragödie ist nicht nur die des Gelehrten; vielmehr zeigt sich in seinem Schicksal die Bedrohtheit der modernen menschlichen Existenz überhaupt. Faust ist in diesem Sinne der Prototyp des (nicht-positivistischen) *modernen* Menschen.

Bezieht man diese Interpretation auf die Ausgangsfrage, so lässt sich die folgende These formulieren:

Wer in Fragen des Sachwissens Vollständigkeit anstrebt, ist naiv und macht sich lächerlich; wer dagegen in Fragen des Sinnwissens sich um solche Vollständigkeit bemüht, ist in der Gefahr, tragisch zu scheitern. Etwas ironisch formuliert: Der Techniker macht sich mit einem solchen Streben eher lächerlich, der Philosoph dagegen eher unglücklich. Man hat mit der Alternative von technischem (pragmatischem) Verfügungswissen und philosophischem Orientierungswissen beim Streben nach Vollständigkeit sozusagen die Wahl zwischen Pest und Cholera.

Diese Alternative ist wenig verlockend. Wenn der nach Vollständigkeit des Wissens strebende Mensch entweder lächerlich oder unglücklich wird, so beantwortet sich erneut die Titelfrage wie von selbst: „Nein, man soll nicht alles wissen wollen!“ Ich glaube nun zwar, dass diese Antwort nahe liegt, halte sie aber nicht für beide hier besprochenen Arten von Wissen für richtig. Deshalb möchte ich einige Kommentare zu Möglichkeiten und Grenzen von Sachwissen und Sinnwissen anfügen. Diese Kommentare sollen die Begründung meiner Behauptung erlauben, dass eine Selbstbescheidung in Bezug auf das Sachwissen notwendig, in Hinsicht auf das Sinnwissen jedoch unmöglich ist.

2 Drei Fallen des aufgeklärten Denkens: Naivität, Dogmatismus und Skepsis

Wagners Lächerlichkeit resultiert aus seiner *Naivität*. Diese hat zumindest zwei verschiedene Formen:

Erstens ist Wagners Hoffnung naiv, im Bereich des Sachwissens alles wissen zu können. Das Sachwissen ist als Wissen von der Welt so unbegrenzt und daher unabschließbar wie die Welt selbst. Man kann immer noch mehr wissen; und je fortgeschrittener eine Wissenschaft ist, umso größer wird die Gefahr, dass das in ihr erstrebte Wissen seinen Sinn nur noch in der *internen Vervollständigung* des jeweils Wissbaren hat, selbst für pragmatische Lebensbewältigung aber überflüssig wird. Das hier leitende Prinzip ist: Man soll all das wissen wollen, was man (überhaupt) wissen kann. Wissen wird zum Selbstzweck.

Zweitens ist es naiv zu glauben, die Weltprobleme lösten sich durch positives Wissen und dessen technische Anwendung. Das existenzielle Glück des Menschen hängt zu sehr an der Erfüllung von Sinnbedürfnissen, als dass es durch solche pragmatische Existenzbewältigung allein erreicht werden könnte. In gewissem Maße ist pragmatische Lebensbewältigung zwar eine notwendige Bedingung für menschliches Glück; niemals aber kann sie zu einer hinreichenden Bedingung für dieses werden.

Soviel zum Thema Lächerlichkeit. Wie aber steht es mit der Tragik?

Ist nicht auch Faust naiv, wenn er den „Sinn“ des Ganzen erkennen will; wenn er danach strebt zu erkennen, „was die Welt im Innersten zusammenhält“? – Mit Kant möchte ich diese Frage entschieden verneinen.

Die Fragen nach dem Sinn des Ganzen sind gerade die Fragen, die der menschlichen Vernunft durch ihre eigene Natur aufgegeben sind und die sie daher nicht zurückweisen kann, ohne zugleich sich selber zu verleugnen. Das Tragische besteht darin, dass diese Fragen nie *abschließend* beantwortet werden können, uns dennoch aber nicht zur Ruhe kommen lassen. Weder können wir die Probleme existenzieller Sinnbestimmung durch endgültige Lösung *er*ledigen, noch können wir uns ihrer durch konsequente Verleugnung auf Dauer *ent*ledigen. (Wer letzteres versucht, landet in der Regel früher oder später beim Psychotherapeuten.) Genau dies ist Fausts Problemlage; und gerade darum ist sein Scheitern nicht lächerlich, sondern vielmehr tragisch.

Zwar ist es vielleicht naiv, die angesprochenen Sinnfragen endgültig beantworten zu wollen. Dass Faust sie aber ernst nimmt, ist nicht nur nicht naiv, sondern im Gegenteil unvermeidlich, wenn er seine eigene Würde als die eines Vernunftwesens ernst nimmt. Naiv wird der Philosoph erst dann, wenn er dogmatisch wird. Das ist eben gerade dann der Fall, wenn er glaubt, die zentralen Sinnprobleme *endgültig und allgemeinverbindlich* gelöst zu haben.

Sicher ist es auch nicht naiv zu behaupten, dass existenzielles Glück für eben ein Wesen, das sich als Vernunftwesen ernst nimmt, an die ernsthafte Auseinandersetzung mit solchen Problemen gebunden ist. Vollständigkeit des Sinnwissens ist zwar nie bloß quantitativ zu verstehen und kann daher auch niemals als erreicht angenommen werden. Das *Streben* nach einer solchen Form des Wissens ist aber unvermeidlich, weil wir uns der Fragen nach dem Sinn unserer Existenz niemals endgültig entledigen können.

Lehrt die Philosophentragödie in meiner Interpretation also, dass der Mensch gerade wegen seiner Vernunftbegabung zum existenziellen Unglück verdammt ist? Ich meine: nein! – Man muss nicht nur Naivität und Dogmatismus vermeiden, sondern auch die Glück zerstörende existenzielle Skepsis.

Dies setzt aber eine spezifische philosophische Haltung voraus, die ich im folgenden Teil der Überlegungen noch ausführlich beschreiben will.

3 Zur ironischen Überwindung der Skepsis

Ich nenne die Lage, die das eingangs gegebene Zitat aus Kants „Kritik der reinen Vernunft“ beschreibt, das „Paradoxon der Vernunft“: Die Vernunft stellt unausweichlich Fragen, die sie ebenso unausweichlich unbeantwortet lassen muss.[5] Es sind dies die Fragen der Metaphysik: Gott, Seele (Menschenschicksal), Weltschicksal. Diese Fragen sind durch die bloße Existenz der Vernunft bereits gestellt; sie sind jedoch durch keine Kultivierung der Vernunft befriedigend zu beantworten. Dies war auch zu Kants Zeiten nicht neu; neu aber war – und dies ist ein Signum auch unserer Zeit – dass sich unter Bedingungen der Aufklärung jeder Versuch zu verbieten scheint, sie irgendwie anders als mit Hilfe der Vernunft zu beantworten: Der von Kierkegaard empfohlene „Sprung in den Glauben" wird z.B. von Camus schroff als „philosophischer Selbstmord" zurückgewiesen. Camus weist zugleich auch ausdrücklich die neuen Mythen der sich rationalistisch gebärdenden Vernunft zurück. Die Fragen aber bleiben: Dass die „Natur" zu ihnen „vernunftwidrig schweigt", erzeugt nach Camus die Situation des Absurden.[6] In Kantischer Terminologie wäre dieses Absurde so zu beschreiben: Es ist das Ergebnis des Paradoxons der Vernunft, dass der auf seine Vernunft zurückgeworfene Mensch von vernunftgeborenen Bedürfnissen gequält wird, die sich nicht mit der Vernunft (und im Sinne der Aufklärung auch nicht außerhalb von ihr) befriedigen lassen: Es sind dies die „metaphysischen" Bedürfnisse. Daran schließt sich die These an: Zu den Schattenseiten der Aufklärung gehört eine erhebliche Erschwerung der Befriedigung dieses Sinnbedürfnisses (moderater: des Orientierungsverlangens).

An die Stelle geoffenbarter Sinngebungen tritt unter diesen Bedingungen die Vermutung einer prinzipiellen Verborgenheit von Sinn oder gar der Zweifel daran, dass es überhaupt einen „Sinn des Ganzen" zu entdecken gäbe. Die metaphysische Frage: „Warum ist überhaupt Seiendes und nicht vielmehr Nichts"[7] bleibt unbeantwortet oder sie verweist sogar bloß auf eine Leerstelle.

Es ist in meiner Sicht das besondere Schicksal der aufgeklärten menschlichen Vernunft, dass sie lernen muss, mit diesem unüberwindlichen Zweifel zu leben. Der philosophische Zweifel betrifft gerade auch diese grundsätzlichen Fragen, und er gehört zum Wesen der aufgeklärten Vernunft selber. Dies bedeutet zugleich: Eine richtige Positionierung zur Aufklärung muss dieses unausweichliche Schicksal der Vernunft akzeptieren, ohne daran zu zerbrechen (das ist Faust nicht gelungen, aber er hat es wenigstens versucht) oder in positivistische und reduktionistische Fluchtwege zu entweichen (dies ist Wagners Schein-Lösung). Die ironistische Kulturphilosophie versucht dies – wie ich noch genauer beschreiben werde – durch eine spielerische Relativierung der Ansprüche der Vernunft.

---

5 Im folgenden Abschnitt übernehme ich an einigen Stellen Gedanken und Formulierungen aus meinem Buch: Der Ernst der Ironie, Würzburg 2002, insbes. 13 ff.

6 Vgl. hierzu: A. Camus: Der Mythos von Sisyphos. Ein Versuch über das Absurde, Hamburg 1956; sowie mein Buch: Absurder Lebensstolz. Postmoderne Auseinandersetzungen mit der Philosophie Albert Camus', Münster 2012.

7 M. Heidegger: Einführung in die Metaphysik, Frankfurt 1983, 3.

Die Notwendigkeit und die Möglichkeit einer solchen Relativierung ergeben sich aus meiner Überzeugung, dass Vernunft nicht absolut gesetzt werden darf. Nach Hume gilt: Die Vernunft ist – und soll nur sein – der Sklave der Leidenschaften.[8] Dies ist vielleicht eine Überreaktion auf die Herrschaftsansprüche der Vernunft. Angemessener ist wohl die vorsichtige Vernunftkritik, die sich in Schillers auch heute noch aktuellen Frage artikuliert: „Woran liegt es, dass wir noch immer Barbaren sind?“[9] Die Antwort ist: Es liegt daran, dass eine Kultivierung der Vernunft allein den Menschen nicht zum Menschen macht. Eine der Gefahren der Aufklärung ist jedoch gerade die Verführung zu dieser falschen Einschätzung.

Zu lernen ist also: Die richtige Positionierung zur Aufklärung erfordert von uns die paradoxe Bemühung, in Bezug auf die Vernunft Distanz und Nähe zugleich zu kultivieren. Auch dies erfordert eine bestimmte Art von Ironie. Man soll – sozusagen – Rationalität ernst nehmen, aber doch auch nicht zu ernst.

Wer diese Lage akzeptiert, der wundert sich nicht, wenn gerade heutzutage mit Bezug auf die spezifische Tätigkeit des Philosophen vom „Schmerz der Reflexion“ gesprochen und Melancholie als emotionale Entsprechung einer solchen schmerzlichen Reflexion betrachtet wird. Lambrecht beschreibt in diesem Zusammenhang „reflektieren“ als „sich hintersinnen“.[10]

Das Paradoxon der Vernunft erzeugt einen Schmerz der Reflexion, der sich als Melancholie äußert. Nun glaube ich: Diese Feststellung ist wahr, aber sie ist nur die halbe Wahrheit. Die zweite Hälfte dieser Wahrheit ist: Dieser Schmerz ist auch schön; es gibt das spezifische „Glück der Melancholie“. Wie dies zu verstehen ist, will ich im Folgenden etwas ausführlicher erläutern.

Damit es ein Glück der Melancholie geben kann, darf Glück nicht das völlige Fehlen von Leid voraussetzen. Das zuzulassende Leid kann nun entweder ein einfaches Leiden am Auseinanderfallen von Wunsch und Wirklichkeit sein oder aber ein Schmerz der Reflexion: Dieser Schmerz besteht darin, dass das Auseinanderfallen von Wunsch und Wirklichkeit als unvermeidlich erfahren wird. Eine weitere Formulierung des Paradoxons der Vernunft nimmt diese Spannung auf: Die philosophische Reflexion (auch auf metaphysische Fragen) ist ohnmächtig und unvermeidlich zugleich. Wir sind zu ohnmächtiger Reflexion verdammt. Das unvermeidliche Leiden an dieser ohnmächtigen Reflexion birgt dann und nur dann eine Glückschance, wenn es nicht seinerseits als sinnlos eingestuft werden muss. Es ist also die Frage nach dem Sinn einer ohnmächtigen Reflexion zu stellen.

Geht man davon aus, dass die Reflexion nichts zu entdecken hat, dann ist sie

8 Vgl. D. Hume: A Treatise of Human Nature, Oxford 1960, 415.

9 F. Schiller: Ueber die ästhetische Erziehung des Menschen in einer Reihe von Briefen, Achter Brief, in: Philosophische Schriften, Teil I, Weimar 1962, 331.

10 R. Lambrecht: Melancholie. Vom Leiden an der Welt und den Schmerzen der Reflexion, Reinbek, 1994, 10.

nicht nur ohnmächtig, sondern auch sinnlos. Dies ist die Position des *Nihilismus*. Nimmt man dagegen an, es gebe – zumindest möglicherweise – so etwas wie einen „Sinn des Ganzen" zu entdecken; es sei jedoch unendlich schwer, sich dieser Aufgabe zu stellen, dann wird die reflektierende Existenz des Menschen als „Last" empfunden. Dies ist die Position des *Existenzialismus*. Wer sich solche Fragen wegen ihres metaphysischen Charakters verbietet, ist ein *Positivist*. Er hat das paradoxe Streben der Vernunft aufgegeben.

Eine vierte mögliche Position in dieser Frage ist diejenige des *Ironikers*: Er ist überzeugt vom *Glück der verweigerten Antwort*. Der Ironiker versteht das Paradoxon der Vernunft in Analogie zur Lage des Verliebten, dessen Geliebte unerreichbar scheint: Er entdeckt und kultiviert die Lust der (metaphysischen) Sehnsucht. Solche Sehnsucht ist nicht wider alle Vernunft; vielmehr ist sie nach Kant gerade aus dem paradoxen Charakter der Vernunft selber geboren. Sie ist sozusagen eine vernunfthafte Sehnsucht. In ihr gründet das Glück der Melancholie. Man muss sich (den ironisch inspirierten) Sisyphos tatsächlich als einen glücklichen Menschen vorstellen.

Mit Bezug auf die Position des Ironikers ist in meiner Sicht nur eine schwache Verteidigung möglich. Im Unterschied zur starken Verteidigung besteht diese darin, dass nicht die Richtigkeit der zu begründenden Position, sondern bloß der problematische Charakter aller Gegenpositionen dargelegt wird. Gegen den *Nihilismus* ist einzuwenden, dass er eine dogmatische negative Metaphysik ist: Er behauptet dogmatisch das Fehlen einer Sinnbestimmung des Ganzen. Gegen den *Positivismus* spricht, dass er Intellektualität auf den Verstand beschränkt und die metaphysikorientierte Vernunft ignoriert. Der Positivismus reduziert den Menschen, indem er ihn seiner Vernunft beraubt. Der *Existenzialismus* schließlich übersieht den positiven Charakter metaphysischer Sehnsucht. Der *Ironismus* dagegen vertritt nur eine skeptische Metaphysik, er nimmt die menschliche Vernunft ernst, ohne doch von ihr zu viel zu erwarten; er begreift die Produktivität der Sehnsucht und er ergreift das Glück der Melancholie. Dennoch wird der Ironiker (der Ironist) den meisten wohl eine zweifelhafte Figur sein. – Ich will daher im Folgenden noch einiges zu seiner weiteren Rechtfertigung vorbringen.

Geläufig ist eine Verteidigung positivistischen Denkens mit dem Hinweis darauf, dass das Nachdenken über ein Leiden dieses Leiden nur noch verstärke und nichts zu seiner Überwindung beitrage. Metaphysische Reflexion ist daher in dieser Sicht nicht nur nutzlos, sondern sogar schädlich.

Mit Kant könnte man diesem Einwand entgegnen: Das mag schon sein; aber solche Reflexion ist eben unvermeidlich: Sie gehört zum Wesen der menschlichen Vernunft. Deshalb sind auch der Schmerz der Reflexion und die philosophische Melancholie menschliches Schicksal. Dies nenne ich eine „fatalistische" Antwort. Darum spricht Kant in diesem Zusammenhang ja auch ganz treffend von dem „besonderen Schicksal der menschlichen Vernunft".

Demgegenüber vertritt der Ironiker die folgende nicht-fatalistische Position: Es genügt nicht, die Bedingungen des menschlichen Lebens zu akzeptieren und es selber auszuhalten. Vielmehr kommt es darauf an, es gerade wegen seines problematischen Charakters zu lieben. Dazu ist jedoch erfordert, dass man auch zu seiner eigenen Existenz Nähe und Distanz zugleich kultiviert.

Ich möchte mir an dieser Stelle ein heiteres Intermezzo erlauben, um den spezifischen Geist des Ironikers näher zu beleuchten. – Aus der gleichen Schlacht gegen Napoleon berichtet der preußische Offizier nach Hause: „Die Lage ist ernst, aber nicht hoffnungslos“ und sein österreichischer Kollege berichtet nach Wien: „ Die Lage ist hoffnungslos, aber gar nicht ernst.“ Der Preuße spricht wie der Existenzialist: „Das Leben ist schwer, aber es besteht die Hoffnung, dass wir die Probleme meistern.“ Der Österreicher dagegen entdeckt den paradoxen Zauber ironistischer Weltsicht: Es besteht keine Hoffnung auf die Lösung der existenziell-metaphysischen Fragen; dennoch kann das Leben in ironistischer Kultivierung einer metaphysischen Sehnsucht gelingen.

Es können aus dieser Anekdote auch noch Beschreibungen der Positionen des Nihilisten und des Positivisten abgeleitet werden: Der Nihilist meint: Die (metaphysische) Lage ist nicht ernst; sie ist hoffnungslos. Der Positivist dagegen sieht das Problem gar nicht. In seiner Sicht gilt daher: Die Lage ist weder ernst noch hoffnungslos. Es gibt eigentlich gar keine Lage.

Man soll also – so beantworte ich demnach die Titelfrage – in Hinblick auf das Sachwissen nicht alles wissen wollen; denn dann macht man sich – wie Goethes Figur Wagner – lächerlich. In Bezug auf das Sinnwissen aber ist Vollständigkeit unvermeidlich: Man soll den Sinn des Ganzen wissen wollen. Die auf sich selbst gestellte aufgeklärte Vernunft aber kann den Sinn des Ganzen nicht wirklich ergründen. Um an ihrer Ohnmacht nicht zu verzweifeln, ist eine Kultivierung von Ironie notwendig. Nur die ironisch inspirierte Vernunft erlaubt dem modernen Menschen noch ein geglücktes Leben. Faust fehlt diese Ironie; darum scheitert er tragisch.

Wir sollten daher wie Faust (weiter) die Sinnfragen ernst nehmen; wir sollen wissen wollen, „was die Welt im Innersten zusammenhält.“ Wir sollten aber zu diesen Fragen Nähe und Distanz zugleich kultivieren. Nur diese ironistische Haltung erlaubt unter den intellektuellen Bedingungen der Postmoderne noch Glück in einem philosophischen Sinne.

Gestalt und Schicksal einer Idee. Reflexionen zu Humboldts Konzept der Universität.

1 Vorüberlegungen

Idee und Institution

Die folgenden Überlegungen[11] ruhen auf dem Grundgedanken, dass das Schicksal einer Idee sich in der Institution entscheidet: Es ist nicht die innere Sieghaftigkeit einer Idee, die ihr dazu verhilft, sich historisch durchzusetzen; vielmehr sind es vor allem auch politische und andere Machtfaktoren, die über das reale Schicksal einer Idee entscheiden. Das Schicksal der Berliner Humboldt-Universität ist hierfür ein gutes Beispiel. Ein großer Einfluss der politischen Realität auf die Verwirklichung einer Idee ist natürlich gerade dann nicht besonders verwunderlich, wenn der Inhalt der thematischen Idee die Konzeption einer Institution ist. Humboldts Idee der Universität ist eine solche Vorstellung von einer Institution, und die Geschichte und heutige Gestalt der Realisierung dieser Idee gibt Anlass, über das thematische Verhältnis erneut nachzudenken. Im Folgenden soll dies geschehen. Dabei geht es mir jedoch nicht um einen Kommentar zum realen Ablauf der verwickelten Geschichte dieser Universität. Vielmehr will ich zum Thema machen, wie sich in diesem Falle das Verhältnis von Idee und Institution darstellt und was daraus für die weitere Entwicklung der Idee der Universität zu lernen ist.

Pragmatische Historiographie

Wer aus der Geschichte etwas lernen will, muss eine pragmatische Konzeption der historischen Forschung haben: Er muss davon ausgehen, dass historisches Wissen einen bestimmbaren Nutzen hat. Worin könnte der Nutzen einer Geschichte der Berliner Universität bestehen? Nostalgie allein sollte nicht als ausreichende Legitimation solcher Bemühungen gelten.

Historie ist nicht Geschichte; das historische Wissen ist nicht einmal ein Spiegelbild des vergangenen Geschehens. Das Verhältnis der *rerum gestarum historia* zu den *res gestae* ist vielmehr sehr viel komplizierter. Zwischen der Geschichte und der historischen Erfassung derselben findet nämlich erstens ein doppelter Substanzverlust und zweitens ein Wechsel des Einheitsprinzips statt. Der doppelte Substanzverlust besteht im unvermeidlichen Verlust an Information durch mangelnde Dokumentation einerseits und im freiwilligen Wissensverzicht gemäß dem Prinzip der historischen Bedeutsamkeit andererseits. Die durch dieses Prinzip geleitete historische Auswahl bedarf wegen ihrer Freiwilligkeit einer Begründung, also einer Rechtfertigung des Kriteriums für historische Bedeutsamkeit. Da historisches Wissen unvermeidlich

[11] Dieser Text wurde ursprünglich für eine letztlich nicht realisierte Festschrift für die Berliner Humboldt-Universität verfasst. Er zitiert daher auch aus anderen Schriften, die für diese Festschrift verfasst wurden, dann aber doch nicht erschienen sind.

einen solchen Begriff historischer Bedeutsamkeit voraussetzt, dieser sich also nicht erst aus der empirischen historischen Forschung selber ergeben kann, ist solches Wissen niemals voraussetzungslos. Vielmehr ist es auf einen vorgängigen Begriff historischer Bedeutsamkeit gegründet, welcher seinerseits nur im Rahmen geschichtsphilosophischer und anthropologischer Reflexionen begründet werden kann. Wer diese Begründungszusammenhänge unterschlägt, betreibt nicht historische Forschung, sondern vielmehr Geschichtsideologie.[12] Ich gründe meine folgenden Überlegungen auf den Begriff des „akademischen Fortschritts". Dieser kann im Rahmen dieser Abhandlung nicht abgeleitet werden. Sein Inhalt und auch wesentliche Aspekte seiner Begründung werden sich jedoch bei der Analyse von Humboldts Ideen zur Struktur der (Berliner) Universität ergeben.

2 Humboldts Ideen zur Struktur der Universität – eine kritische Skizze

Akademische Autonomie – das Konzept der akademischen Selbstverwaltung

Humboldts Konzept für die Berliner Universität ist geleitet von einer beinahe paradoxen Grundidee: Die Universität soll einerseits eine Einrichtung des Staates sein, andererseits durch ein entsprechendes Finanzierungskonzept von diesem so weit wie möglich unabhängig bleiben: Der Staat soll dieser Institution etwas von seiner institutionellen Autorität und auch von seiner organisatorischen Kompetenz verleihen. Zugleich aber soll er die Unabhängigkeit der Universität in allen Fragen der Forschung und der Lehre respektieren („akademische Autonomie").

Dies ist ein sehr fortschrittliches und erst sehr spät auch an der Berliner Universität realisiertes Grundkonzept. Humboldts Nachfolger reduzierte nämlich sogleich den Bereich der akademischen Freiheit und band die Universität eng an die Autorität der sie führenden staatlichen Stellen.

Es fragt sich, ob sich in diesem frühen Abweichen von Humboldts Konzept nicht eine prinzipielle Schwierigkeit desselben ausdrückt. Mir scheint dies der Fall zu sein. Diese Schwierigkeit lässt sich wie folgt formulieren: In welchem Maße ist die Ausbildung der Bürger Aufgabe des Staates? In welchem Maße gilt dies für Wissenschaft und Forschung?

Diese Fragen betreffen die Verantwortung des Staates. Beantwortet man sie dahingehend, dass es eben eine genuin hoheitliche Aufgabe sei, Bildung auf allen Ebenen und auch Wissenschaft und Forschung zu ermöglichen, so stellt sich die Frage, mit welchem Recht in Humboldts Konzept dem Staat die Verantwortung für die Universität, nicht aber zugleich auch die volle Entscheidungskompetenz in Bezug auf deren Aktivitäten zugesprochen wird.

[12] Zu den soeben skizzierten Zusammenhängen vgl. auch mein Buch: Wissenschaftliche Methode und historische Bedeutung, Freiburg 1987.

Aus heutiger Sicht ist für Humboldts Autonomie-Konzept etwa wie folgt zu argumentieren: Die politisch Verantwortlichen verstehen nicht genug von der Lehre und Forschung in den zahlreichen Fächern einer Universität, um sich fruchtbar in diese Belange „einmischen" zu können. In dieser Hinsicht hat die seit der Gründung der Berliner Universität vollzogene gigantische Steigerung der Anzahl akademischer Fachdisziplinen die Lage zugunsten eines Autonomieanspruchs der Universitäten zweifellos noch verbessert.

Andererseits ist mit dieser Entwicklung und mit der rasanten Zunahme der Anzahl der Studierenden gerade auch das Konzept der akademischen Autonomie (Selbstverwaltung) problematisch geworden. Die Universitäten bezahlen für ihre Autonomie einen hohen Preis: Den idealiter für Lehre und Forschung (meist allerdings nur für Forschung) ausgebildeten Hochschullehrern wird ein immer größerer Teil ihrer Arbeitszeit für Aufgaben der Selbstverwaltung weggenommen. Lehre und Forschung leiden darunter.

Trotzdem gilt natürlich Humboldts stille Voraussetzung, dass eine sich nicht selbst verwaltende Universität Gefahr läuft, wichtige Aspekte der für ihre Entwicklung notwendigen *akademischen Freiheit* zu verlieren. In der Idee der „Selbstverwaltung" drückt sich die seltsame Zwischenstellung der Universität zwischen einer staatlichen Institution und einer freien Einrichtung im Staate aus. Es ist eine bedeutende Einsicht Humboldts, dass dieser seltsame Status für die Universität wesentlich ist. Eine wichtige Lehre der Geschichte (auch der Berliner Universität) besteht jedoch darin, dass gerade dieser Zwischenstatus wegen der mit ihm verbundenen Erwartungen an die verschiedenartigen Kompetenzen der Hochschullehrer eine strukturelle Belastung der Universitäten darstellt.

Einheit von Lehre und Forschung

Die gerade angesprochene Frage der verschiedenartigen Kompetenzen, welche von den akademischen Lehrern/Forschern in Humboldts Konzeption zu erwarten sind, führt uns zu dem Ideal einer Personalunion von Lehrern und Forschern. Humboldt wollte die akademische Lehre nicht institutionell von der Forschung trennen. Während etwa Schleiermacher von der Universität allein die Durchführung der akademischen Lehre, von den Wissenschaftlichen Akademien dagegen die wissenschaftliche Forschung erwartete, versprach Humboldt sich einen größeren gesellschaftlichen Nutzen von der Personalunion zwischen Forschern und Lehrern.

Die Spezialisierung der Forschung seit Humboldts Tagen hat nun einen Forschertypus hervorgebracht, der seine fachlichen Leistungen zunehmend nur noch durch vollständige Konzentration auf sein immer enger definiertes Fachgebiet erbringen kann. Erfahrungsgemäß ist dieser Forschertyp nur selten auch der didaktisch geschickte und pädagogisch einfühlsame akademische Lehrer. Die meisten an der Universitäten lehrenden Wissenschaftler sind entweder eher Forscher oder eher Lehrer, müssen aber doch beide Ämter zugleich (und im Verbund mit der Selbstverwaltung) ausüben. Daraus hat sich gerade in den letzten Jahrzehnten (auch angesichts der dramatisch gestiegenen Studierendenzahlen) eine schlechte Lage in der akademischen Lehre ergeben. Hier sucht nun der Staat einzugreifen, indem er den Universitäten abverlangt, dass sie bei der Berufung von Professorinnen und Professoren besonders auch auf deren Befähigung zur akademischen Lehre achten.

Nun ist das neuerdings gesteigerte Interesse des Staates an einer guten akademischen Ausbildung der Studierenden berechtigt und begrüßenswert. Es bleibt jedoch die kritische Frage, ob sich angesichts der beschriebenen unterschiedlichen Qualifikationsmerkmale bei den Lehrern bzw. Forschern die Förderung der Lehre nicht zwangsläufig zu Lasten der Forschung auswirken muss. Dies ist insbesondere dann zu befürchten, wenn das Ausbildungsinteresse der Studierenden sich immer weiter von den Forschungsinteressen ihrer akademischen Lehrer entfernt. Gerade dies scheint nun aber der Fall zu sein.

Gemeinschaft der Lehrenden und Lernenden

Humboldt glaubte, es sei für die Entwicklung der Forschung förderlich, wenn die Forschenden in ihrer (idealiter mit ihrer jeweiligen Forschung eng verbundenen) Lehre von einer Schar gebildeter und engagierter junger Studierender herausgefordert würden. Tatsächlich aber entwickeln Lehre und Forschung sich im Zuge der fortschreitenden Spezialisierung der wissenschaftlichen Forschung notwendig immer mehr auseinander. Entsprechend können auch nur fortgeschrittenste Studierende – etwa Doktoranden – für den Hochschulforscher noch die von Humboldt erhoffte Herausforderung darstellen.

Ein weiteres kommt hinzu: Die Universitäten sind zunehmend zu Stätten der beruflichen Ausbildung geworden. Die erwartete Ausbildung ist nur zu einem geringen Anteil eine solche zum Forscher. Entsprechend ist das Interesse vieler Studierender verständlicherweise eher auf die Anforderungen ihrer zukünftigen beruflichen Praxis gerichtet als auf das Erlernen des neuesten Standes der Forschung in dem jeweils studierten Fach. Daher ist bei Lehrenden und Lernenden eine Gemeinsamkeit von Interessen nur in einem geringen Masse vorauszusetzen. Ohne ein solches gemeinsames Interesse aber entbehrt die Idee einer Gemeinschaft von Lehrenden und Lernenden der notwendigen Grundlage in der Wirklichkeit.

3 Zwischenüberlegung: Zur Funktion von Idealen

Ist Humboldts Idee einer Universität also im Grunde von Anfang an unrealistisch gewesen? Zeigt die reale Entwicklung der Universitäten einschließlich derjenigen der inzwischen nach ihm benannten Berliner Universität nicht gerade das unvermeidliche Auseinanderfallen seiner Ideale und der gesellschaftlichen Realität? Ist Humboldts Idee der Universität nicht daher spätestens heute als gescheitert zu betrachten? War dieses Scheitern nicht unvermeidlich? Ist die heute „Humboldt-Universität" genannte Berliner Universität also ein Denkmal für eine an ihrer mangelnden Realitätsnähe gescheiterte Idee eines Bildungsidealisten?

Alle diese Fragen sind meiner Einschätzung nach zu verneinen. Diese Einschätzung bedarf jedoch einer philosophischen Begründung. Diese muss von einer Reflexion auf die Funktion von Idealen und die Bedingungen ihres Scheiterns ihren Ausgang nehmen.

Generell ist festzustellen: Humboldts Ideen sind – auch wenn sie nicht als solche realisiert wurden und werden – für die Fruchtbarkeit der Institution „Universität" wesentlich. Ein Ideal scheitert nämlich nicht dadurch, dass es nicht realisiert wird. Es scheitert vielmehr nur dann und nur dadurch, dass man es aufgibt. Gibt man es dagegen nicht auf, so wirkt es unabhängig vom Maß seiner Realisierung als eine Idee im Kantischen Sinne: Es orientiert unsere entsprechenden Bestrebungen und weist den einschlägigen Bemühungen die Richtung. Darin nun besteht auch die historische Bedeutung der Humboldtschen Ideen: Sie waren und sind das Maß, an welchem akademischer Fortschritt sich messen (lassen) muss.

Als die wesentlichen dieser Ideen erscheinen uns aus heutiger Sicht die folgenden: (1) die Freiheit (der Forschung und Lehre); (2) die Einheit (verwirklicht als Personalunion von Forscher und Lehrer); (3) die Gemeinschaft (der Lehrenden und Lernenden).

Herbert Stachowiak weist in seinem Text „Die Berliner Universität 1945-1951" zu Recht darauf hin, dass bei Humboldt hinter diesen Ideen ein „uraltes Ideal von Forschen, Wissen und Lehren" steht, ein Ideal, „das weder Wissenschaft als Selbstzweck beinhaltet, noch sie einem vordergründigen Nützlichkeitsprinzip unterwirft."[13]

Für Humboldt dient die Wissenschaft in einem spezifischen und emphatischen Sinne der Menschen-Bildung. Dies und nichts anderes heißt nämlich „humanistische Bildung": Mensch-Werdung durch den rechten Gebrauch des richtigen Wissens. Stachowiak spricht in diesem Zusammenhang von „sittlicher Verantwortung" und einer „Einheit von Wahrheitssuche, Menschlichkeit und Sinnglaube"[14]. Dies ist ein hoher Anspruch. Aber – wie gesagt – nicht erst seine vollständige Verwirklichung gibt diesem Anspruch seinen Sinn, sondern seine Funktion als eine unser akademisches Handeln leitende Idee.

Werfen wir vor diesem Hintergrund einen Blick auf einige Entwicklungsschritte aus der Geschichte der Berliner Universität. An einigen Aspekten dieser Geschichte lässt sich nämlich demonstrieren, wie man sich die reale Wirksamkeit von Idealen vorstellen kann.

---

13 H. Stachowiak: „Die Berliner Universität 1945-1951", unveröffentlichtes Manuskript, 1.

14 ebd.

4 Lehren aus der Geschichte der Berliner Universität für die Universität im 21. Jahrhundert.

Freiheit und finanzielle (Un)Abhängigkeit

Humboldts Nachfolger, von Schluckmann, strebte ganz im Geiste Fichtes und ebenso konträr zu Humboldts Intentionen eine enge organisatorische Bindung der Berliner Universität an den Preußischen Staat an. Diese Bindung unterstrich er gleich nach seinem Amtsantritt durch den Verzicht auf die Finanzierung durch eine langfristig gesicherte Stiftung; er zwang die Universität auf diese Weise nämlich in eine finanzielle Abhängigkeit vom Staat, welche Humboldt gerade hatte vermeiden wollen.

Humboldts Finanzierungsgedanke ist für die von ihm gegründete Universität niemals verwirklicht worden; und dies gilt auch für (fast) alle Universitäten der heutigen Bundesrepublik. Ökonomisch sind die deutschen Universitäten also ganz entgegen Humboldts Ideen keineswegs vom Staate unabhängig. – Was bedeutet diese Tatsache nun für das korrespondierende Humboldtsche Ideal?

Zunächst ist festzuhalten, dass ökonomische Abhängigkeit natürlich immer und überall die Gefahr einer politisch-ideologischen Indienstnahme mit sich bringt. Dies ändert sich jedoch seinem Grundzuge nach nicht, wenn die Universitäten – wie viele der amerikanischen Hochschulen – privat finanziert werden (durch großzügige Stiftungen von Privatpersonen und Firmen sowie durch – z. T. sehr hohe – Studiengebühren). Auch hier wäre nämlich eine problematische Einflussnahme der Geldgeber auf die Arbeit der Universität zu erwarten. Aber weder das deutsche noch das amerikanische Finanzierungsmodell haben zu ernsthaften, grundsätzlichen Problemen in dieser Hinsicht geführt.

Daraus möchte ich den folgenden Schluss ziehen: Humboldts Misstrauen gegenüber dem Staat war möglicherweise zu seinen Lebzeiten noch berechtigter als es dies in der modernen Bundesrepublik und in den Vereinigten Staaten von heute wäre. Finanzielle Unabhängigkeit ist in der aktuellen kulturell-politischen Situation dieser beiden Staaten für die akademische Freiheit nicht mehr so wichtig, wie sie Humboldt offensichtlich erschienen ist. Dies kann aber auch gerade daran liegen, dass Humboldts Hauptgedanke in diesem Zusammenhang, dass nämlich die fruchtbare Arbeit der Universität deren akademische Freiheit von den sie jeweils finanzierenden Institutionen und Personen zur Voraussetzung hat, inzwischen zu einem selbstverständlichen Element der politischen Kultur in diesen Staaten geworden ist. Humboldts Ideal hat also diese Realität höchstwahrscheinlich erst möglich gemacht.

Einheit von Lehre und Forschung – „Lehren aus philosophischem Geiste"

Die oben mit Blick auf die zunehmende Spezialisierung der Forschung in Frage gestellte Personalunion von Forscher und Lehrer ist ebenso wie andere der Humboldtschen Ideen sicherlich eher ein Ideal als eine bald zu verwirklichende Vorstellung von akademischer Arbeit. Dennoch drückt sich in dieser Idee ein akademisches Selbstverständnis aus, welches eine zeitunabhängige Gültigkeit beanspruchen kann. Ich will dieses Selbstverständnis unter dem Stichwort „Lehren aus philosophischem Geist" erläutern.

Für Humboldt ist die wesentliche der im Bildungssystem wichtigen Aufgabenteilungen nicht die zwischen Universität und Akademie, sondern vielmehr diejenige zwischen diesen beiden Institutionen auf der einen und den Schulen auf der anderen Seite. Schulen haben es nur mit der Vermittlung von gesichertem Wissen zu tun. Sowohl Akademien als auch Universitäten aber müssen die Wissenschaft als eine permanente und im Prinzip unabschließbare Aufgabe sehen. Sie haben daher das jeweils gültige Wissen immer wieder in Frage zu stellen. Fortschritt der Wissenschaft ist nicht das Anhäufen positiven Wissens, sondern die fortwährende kritische Fortschreibung und Veränderung der bisher als gültig angenommenen Kenntnisse. Hierin liegt nach Humboldt auch die eigentliche Bildungsaufgabe der Universität: Sie soll nicht einen positivistischen Fachmann, sondern eine gebildete Person hervorbringen. Bildung aber ist im Wesentlichen durch das selbstkritische Verhältnis zum eigenen Wissen charakterisiert.[15]

Diese Bildungsaufgabe erfordert nun unausweichlich die Verknüpfung von Lehre und Forschung, weil eine die Selbstkritik kultivierende Infragestellung und Revision des bisher für wahr Gehaltenen nur in der jeweils aktuellen Forschung durchgeführt wird. Institutionell verwirklicht sich die Kultivierung der Selbstkritik als Wettbewerb der Ideen. Humboldt glaubte fest an dessen fortschrittsfördernden Effekt. Auch zwischen den Akademien und den Universitäten sollte solch ein Wettbewerb stattfinden. Entsprechendes gilt in Humboldts Sicht auch für den Wettbewerb zwischen den Generationen. Der Vorteil der Universitäten gegenüber den Akademien besteht in seiner Sicht gerade darin, dass die Wissenschaft sich „rascher und lebendiger" auf einer Universität fortentwickle, „wo sie immerfort in einer grossen Menge und zwar kräftiger, rüstiger und jugendlicher Köpfe herumgewälzt wird."[16] Dies geschieht jedoch nur an den Universitäten. Auch deshalb empfiehlt Humboldt die Aufnahme von Universitätslehrern in die Akademien.[17]

Das Humboldt bei seiner Auswahl der ersten Professoren für die Berliner Universität leitende Prinzip einer von den Kandidaten zu erwartenden „Lehre aus philosophischem Geiste" besagt nichts anderes als das Streben danach, den kritischen Geist der jeweils nachfolgenden Generation von Studierenden für den Fortschritt in der Forschung nutzbar machen zu wollen, indem die Lehre das geltende Wissen als

---

15 Vgl. H. Steinberg: „Der Gründer", unveröffentlichtes Manuskript, 6f. u. 14f.

16 W. von Humboldt: Über die innere und äußere Organisation der höheren wissenschaftlichen Anstalten in Berlin, Darmstadt 2010, 236.

17 A.a.O., 237f.

problematisch zur Disposition stellt und die Lernenden zur Teilnahme an der forschenden Veränderung des Wissens einlädt.

Die Fruchtbarkeit einer solchen Teilnahme mag mit der Spezialisierung der Forschung immer problematischer geworden sein. Aber auch dieses Ideal scheitert natürlich nicht daran, dass es nicht leicht zu verwirklichen ist. Vielmehr besteht sein Sinn gerade in der ihm innewohnenden Mahnung, mit der unvermeidlichen Spezialisierung der Forschung möglichst so umzugehen, dass das kritische Potential neuer Studierendengenerationen möglichst doch genutzt werden kann. Forschung und Lehre hängen also um des Fortschritts der Wissenschaft willen unausweichlich zusammen; und keineswegs auszuschließen ist die bei Humboldt sehr optimistisch eingeschätzte Möglichkeit, dass sich fruchtbare Impulse für die Forschung gerade in der akademischen Lehre und manche möglicherweise nur aus ihr ergeben.

Gemeinschaft und studentisches Engagement

Eindringlich schildert Herbert Stachowiak die Jahre der Neugründung der Berliner Universität nach dem Zweiten Weltkrieg, die er als Student der Mathematik und Mitglied des Ersten Studierendenrats miterlebte und mitgestaltete.[18]

Die von ihm beschriebene Rolle des Studierendenrates als „bewegende Kraft" beim Wiederaufbau des akademischen Lebens der jetzt Humboldt-Universität genannten früheren Friedrich-Wilhelms-Universität führt uns zurück zu Humboldts Idee einer Gemeinschaft von Lehrenden und Lernenden. Sie wirft die Frage auf, inwieweit die in meinen kritischen Anmerkungen zu Humboldts Ideen als notwendig unterstellte Gleichheit der Interessen von Lehrenden und Lernenden denn tatsächlich bestehen muss, um „Gemeinschaft" zwischen ihnen zu ermöglichen.

Zwar ist auch aus anderen Zusammenhängen bekannt, dass eine solche Gleichheit in dem Maße an Bedeutung verliert, in welchem die alle gemeinsam bedrängende Not die Beteiligten zu einer „Notgemeinschaft" zusammenzwingt. Das hier angesprochene Beispiel aus der Geschichte der Berliner Universität scheint mir aber (zumindest auch) etwas anderes zu lehren: Die Gleichheit von Lehrenden und Lernenden erlaubt auch, dass Studierende zur „bewegenden Kraft" im akademischen Leben einer Universität werden.

Daraus folgt in meiner Sicht, dass Humboldts Ideal einer Gemeinschaft von Lehrenden und Lernenden die unüberholbare und wichtige Funktion hat, diese Gemeinschaft als eine *Gemeinschaft der geteilten Verantwortung* bewusst zu halten. Unabhängig vom sich wandelnden Ausmaß einer Gemeinsamkeit der Interessen zwischen Lernenden und Forschenden bleibt die Universität selbst die gemeinsame Aufgabe der beiden zentralen Gruppen. Humboldts Ideal schließt ein gerade heute naheliegendes Missverständnis der Universität aus – und ist daher unverzichtbar: Die Universität ist kein Dienstleistungsunternehmen des Staates zur beruflichen Bildung der Studieren-

---

18 H. Stachowiak, a.a.O., 3f.

den. Vielmehr lebt die Universität – wie Humboldt ganz richtig gesehen hat – nur in dem Maße, in welchem Lehrende und Lernende sie zu ihrer gemeinsamen Sache machen.

Assimilation und Rekonstruktion in der Philosophiegeschichte. Eine skeptische Stellungnahme.

1 Skepsis in Bezug auf die Philosophiegeschichte.

Nach mehr als zweitausend Jahren denkt die Philosophie noch immer über die gleichen Probleme nach wie zu ihren ersten Zeiten. Sie tut dies in einem solchen Ausmaß, dass sie den Eindruck erweckt, sie sei weder in der Lage noch entschlossen genug, um diese Probleme tatsächlich auch zu lösen. Andererseits ist offensichtlich, dass die Philosophen selber (zu) glauben (scheinen), ihre Arbeit bestünde in der Tat in dem Versuch, gerade diese Probleme endgültig zu lösen. Das ist verwunderlich. Um zu verstehen, was sich hinter dieser Paradoxie verbirgt, kann man versuchen, die folgende Frage zu beantworten: „Was bedeutet es, Philosophie historisch zu betreiben?" Mein erster Schritt bei der Beantwortung dieser Frage besteht nun darin, auf die *Art von Problemen* eingehen, mit denen der Philosoph sich beschäftigt.

Ich gehe im Folgenden von der These aus, dass die Philosophie sich mit Fragen beschäftigt, wie sie von Immanuel Kant sehr treffend formuliert worden sind: „Was kann ich wissen? Was soll ich tun? Was darf ich hoffen?" In der Geschichte der Philosophie finden wir diese Fragen immer wieder behandelt und wir finden auch eine große Anzahl unterschiedlicher Antworten auf sie. Sehr häufig stehen diese Antworten im Widerspruch zueinander.

Was also, so müssen wir uns fragen, können wir dann lernen, wenn wir Philosophie historisch betreiben? Um dieses Problem noch schärfer zu formulieren, möchte ich eine bestimmte Art von Skepsis einführen. Der hier aktive Skeptiker fragt: Warum verschwendet Ihr Eure Zeit mit einer Geschichte von Philosophen, die einander widersprechen, statt Euch auf die Lösung Eurer eigenen Probleme zu konzentrieren, unabhängig davon was andere in diesem Zusammenhang vorher gedacht haben mögen?

Eine Antwort auf diese Frage könnte wie folgt lauten: Die Philosophie hat die besondere Schwierigkeit, dass sie für ihre Probleme und ihre Lösungen zunächst einmal eine geeignete Sprache entwickeln muss. Diese Sprache aber kann sie nur finden, indem sie Philosophie historisch betreibt, d. h. die Sprache wird gefunden in einem Artikulationsprozess, der durch eine kritische Auseinandersetzung mit den Ideen der Philosophiegeschichte initiiert wird. Philosophische Fragen sind oft von der Art, dass sie sprachlich nicht leicht ausgedrückt werden können. Deshalb muss die Philosophie sich immer wieder auf die Suche nach einer jeweils adäquaten Sprache begeben. Die

Philosophie befindet sich, wie Gadamer dies ausgedrückt hat, fortwährend in einer „Sprachnot". Philosophie historisch zu betreiben, bietet die Chance, diese Sprachnot zu überwinden.

Die Bedeutung der historischen Auseinandersetzung mit der Philosophie liegt, dieser Ansicht zufolge, also in der Fähigkeit der Philosophiegeschichte, einen Dialog mit der Philosophie der Vergangenheit zu inaugurieren, welcher in der Lage ist, unser Bedürfnis nach einer spezifisch philosophischen Sprache zu befriedigen, nach einer Sprache, die in der Lage ist, uns bei der Lösung unserer jeweils aktuellen philosophischen Probleme zu helfen.

Diese Konzeption ist nun ihrerseits durchaus einer skeptischen Infragestellung zugänglich. Jetzt fragt der Skeptiker: Woher wisst Ihr denn, dass ein solcher „Dialog mit der Vergangenheit" überhaupt möglich ist? Der Skeptiker nennt darüber hinaus einen Grund für die Einschätzung, dass an einer solchen Möglichkeit zu zweifeln ist. Dieser ist der folgende: Die Philosophie der Vergangenheit ist radikal unterschieden von der jeweils gegenwärtigen Philosophie. Daher sind wir mit zwei verschiedenen Arten von Gefahren konfrontiert, nämlich: Es kann erstens sein, dass wir die vergangene Philosophie nicht wirklich verstehen, oder zweitens: Es kann sein, dass ein Verständnis der Philosophie der Vergangenheit uns bei der Auseinandersetzung mit unseren eigenen Problemen wenig nützt, weil diese von denen der Vergangenheit radikal verschieden sind. Der Skeptiker argumentiert also in diesem Zusammenhang mit der Konzeption des radikal Neuen. Tatsächlich scheint es nun in der Philosophiegeschichte ein fatales Dilemma zu geben: Entweder behandeln wir unsere Vorgänger so, als ob sie Zeitgenossen wären, oder wir verwandeln sie, ohne dies zu wissen oder ohne zu wollen, in „Museumsstücke".

Diese Alternative ist ein Dilemma, weil keine der beiden Möglichkeiten überzeugend ist. Wenn wir nämlich unsere Vorläufer wie Museumsstücke behandeln, dann betreiben wir Geschichte, nicht Philosophie; behandeln wir sie jedoch wie unsere Zeitgenossen, so scheinen wir einer intellektuellen Sünde zu verfallen: Wir bilden die Vorstellungen unserer Vorläufer in unserem Denken falsch ab, indem wir nämlich die Momente, die sich einer solchen Übertragung des traditionellen in modernes Denken widersetzen, gering schätzen oder sogar ignorieren. Wenn es nämlich den Bruch tatsächlich gibt, den die Konzeption des radikalen Neuen suggeriert, dann dürfen wir nicht Aristoteles, Hume und Kant als unsere Zeitgenossen behandeln.

Die oben entwickelte Vorstellung der Sprachfindung in der Auseinandersetzung mit Positionen aus der Philosophiegeschichte scheint nun genau in diese Schwierigkeit zu geraten. Ein möglicher Ausweg aus dem Dilemma bietet sich in der Vorstellung an, dass die Anwendung der Konzeption des radikalen Neuen auf die Geschichte der Philosophie nicht erlaubt ist. Dies erfordert den Nachweis, dass es zwischen der vergangenen und der gegenwärtigen Philosophie zwar Unterschiede, aber keinen radikalen Bruch gibt. Wenn dieser Nachweis gelingt, so folgt daraus, dass wir tatsächlich unsere philosophischen Vorläufer als unsere Zeitgenossen behandeln können. Der Nachweis würde nämlich implizieren, dass wir sie zumindest in einem solchen Maße verstehen könnten, dass wir aus ihrem Denken etwas für die Lösung unserer eigenen Probleme zu lernen im Stande sind. Es wäre dann auch nicht ausgeschlossen, dass sie uns helfen können, eine Sprache zu formulieren, die diese Lösung ermöglicht.

2 Familienähnlichkeiten in der Geschichte der Philosophie.

Samuel Beckett beginnt seinen Roman „Murphy" mit der folgenden Feststellung: „The sun shone, having no alternative, on the nothing new."[19] Im Folgenden möchte ich diesen Satz auf das Problem anwenden, wie man Philosophie historisch betreiben könne. Die Frage, die ich zu beantworten suche, ist die folgende: Wie ist es möglich, ein in der philosophischen Lehre häufig beobachtbares Phänomen zu erklären? Das in Frage stehende Problem lässt sich wie folgt beschreiben: Philosophen einer verhältnismäßig lange zurückliegenden Epoche erreichen das Bewusstsein unserer Studierenden oft verblüffend direkt und unkompliziert. Der Wert solcher Philosophen für unsere heutigen Studierenden ist also vollständig anachronistisch. Die Wirkung dieses alten Denkens auf die moderne Jugend impliziert keineswegs ein solides Verständnis für die historischen Zusammenhänge oder gar für die historischen Vermittlungsschritte zwischen z. B. Descartes und dem 21. Jahrhundert. Häufig kommt es vor, dass in einem direkten Vergleich der Klassiker von den Studierenden besser verstanden wird als der zeitgenössische Autor. Ein Historizismus, welcher die Vergänglichkeit auch jeweiliger philosophischer Positionen predigt, scheint dies zu vergessen. Der Skeptiker, den ich zu widerlegen versuche, scheint einem solchen Historizismus zu verfallen: Er glaubt nicht an die Überlebenschance klassischer Philosophie.

Warum, so lässt sich fragen, spricht Descartes direkt zu unseren heutigen Studierenden? Auf diese Frage sind sicherlich unterschiedliche Antworten möglich. Eine dieser Antworten könnte wie folgt formuliert werden: Die heutigen Studierenden haben bestimmte theoretische Probleme, die sich ihnen aufdrängen. In ihrem Bewusstsein gibt es ganz bestimmte Fragen und eine ziemlich vage, aber zielgerichtete Neigung, diese Frage in einer bestimmten Weise zu beantworten. Wenn sie nun z. B. Descartes lesen, so finden sie in seiner Philosophie Gedanken, vielleicht auch eine Sprache, die ihnen hilft, ihre eigenen Probleme adäquat zu formulieren und sich auf den Weg zu einer erfolgreichen, sie befriedigenden Lösung des Problems zu machen.

Solange sie auf diese Weise mit einem Klassiker der Philosophie befasst sind, brauchen sie nicht Descartes' eigene Problemsituation zu rekonstruieren. Sie müssen nicht Descartes' Philosophie als Lösung seiner für ihn spezifischen Probleme erfassen. Was sich in dieser Art von Aneignung der Vergangenheit vollzieht, ist nicht eine historische *Rekonstruktion* philosophischer Positionen, es ist vielmehr eine produktive

[19] S. Beckett: Murphy, London 1993, 5.

Assimilation geschichtlicher Positionen in der Entwicklung des philosophischen Denkens. Diese produktive Assimilation lässt sich, in meiner Sicht, beschreiben als eine intuitive Einsicht in eine „Familienähnlichkeit" zwischen dem „Sprachspiel", das die heutigen Studierenden spielen, und dem, das Descartes vor einigen Jahrhunderten gespielt hat.

Mit dieser Beschreibung einer möglichen Form der Aneignung der Vergangenheit durch unsere heutigen Studierenden habe ich leider noch immer kein überzeugendes Argument gegen den historischen Skeptiker gefunden, den ich eben eingeführt habe. Die skeptische Frage ist immer noch in Geltung: Woher wissen wir denn, dass solche Studierenden Recht haben, wenn sie eine Familienähnlichkeit zwischen ihrem Denken und dem Descartes' unterstellen? Es könnte doch sein, dass sie seine Philosophie vollkommen falsch verstehen, dass sie sie grundsätzlich missverstehen.

Die gerade beschriebene Art und Weise, sich als Philosoph mit der Geschichte der Philosophie zu befassen, lässt sich kennzeichnen als Antwort auf die Frage, was es heißt, einen Philosophen der Vergangenheit als einen Zeitgenossen zu behandeln. Wir haben gezeigt, wie dies geschieht; noch nicht gezeigt ist aber, ob diese Form des Umgangs mit der Vergangenheit gerechtfertigt werden kann. Der Skeptiker könnte sie ja als eine rein subjektive Deformation der historisch genuinen Position, z. B. Descartes', ablehnen.

Einem solchen Einwand ist auf die folgende Weise zu begegnen: Es ist zu zeigen, dass es zwischen allen Philosophemen, unabhängig von ihrer Entstehungszeit immer so etwas wie eine *Familienähnlichkeit* geben muss. Wenn dieser Nachweis gelingt, dann haben wir eine Antwort auf die Frage gefunden, warum ein vollständig anachronistisches Verständnis historischer Positionen zu beliebigen späteren Zeitpunkten möglich ist.

Ein solcher Versuch scheint nun von vorneherein mit einer unüberwindlichen Schwierigkeit belastet zu sein. Offensichtlich ist nämlich Familienähnlichkeit nicht Identität. Ähnlichkeit hat verschiedene Grade. Im Falle unseres Beispiels müsste daher der Grad der Ähnlichkeit zwischen der Philosophie Descartes' und den philosophischen Problemen unserer heutigen Studierenden bestimmt werden. Nun sind sicherlich wir selber es, die eine Theorie über den Grad von Ähnlichkeit zwischen diesen beiden Philosophemen zu entwickeln haben. Betrachten wir nun unsere Fähigkeit, eine solche Theorie zu formulieren, skeptisch, so werden wir in einen Zweifel darüber geführt, ob wir jemals eine sichere Einschätzung der Ähnlichkeit zwischen einer historischen Position und unserer jeweiligen Rekonstruktion dieser Position werden leisten können.

Tatsächlich scheint mir, dass diese Art von fundamentaler Skepsis nur schwer zu widerlegen ist. Ich möchte hier auch gar nicht den Versuch unternehmen, eine solche Widerlegung zu leisten. Vielmehr will ich mich mit dem Hinweis begnügen, dass produktive Assimilation, wie sie soeben beschrieben wurde, sich tatsächlich häufig vollzieht, wenn wir Philosophie historisch betreiben.

Die Produktivität einer solchen Assimilation der philosophischen Vergangenheit beweist natürlich keineswegs, dass die Geschichte der Philosophie nicht das radikal Neue kennt; dennoch kann man sie zum Anlass nehmen, um Familienähnlichkeiten zwischen Philosophien verschiedener Zeiten zu unterstellen. Wir nehmen dann an, dass man Becketts oben zitierten Satz in der folgenden, modifizierten Fassung auf die Geschichte der Philosophie anwenden kann: „We think, having no alternative, on the nothing new."

Neben der produktiven Assimilation ist aber noch eine ganz andere Art von historischer Arbeit im Rahmen der Philosophie vorstellbar und tatsächlich auch realisiert. Diese Form „historischer Philosophie" besteht in dem Versuch, alte Philosophien als solche und um ihrer selbst willen zu verstehen: Für diesen Aspekt von Tätigkeit im Rahmen der Philosophiegeschichte möchte ich den Terminus „objektive Rekonstruktion" einführen. An einen solchen Versuch von historischer Rekonstruktion sind zahlreiche erkenntniskritische Fragen zu richten, zumal wenn der mit ihm verbundene Geltungsanspruch „objektivistisch" ist. Vielleicht wird man hier wie im Falle produktiver Assimilation über den Status intuitiver Gewissheit nicht hinauskommen.

Bloß intuitive Gewissheit ist sicher ein erkenntnistheoretisches Ärgernis. Bezeichnenderweise aber leben beide so fundierten Formen von historischer Auseinandersetzung mit der philosophischen Vergangenheit dennoch immer noch munter weiter. – Kann dieses Faktum allein aber nicht schon den inzwischen nachdenklich gewordenen Skeptiker wieder aktivieren?

3 Produktive und historische Philosophie

Formuliert man das hier mögliche skeptische Argument in einer Analogie zu einer berühmten Formulierung Kants, so lautet es: Produktive Assimilation ohne objektive Rekonstruktion ist leer: Wir finden in ihr nie die gesuchte Philosophie. Objektive Rekonstruktion ohne produktive Assimilation aber ist blind: Sie ist kein Beitrag zur Philosophie, sie ist vielmehr bloß ein Stück Geistesgeschichte.

Kann „historische Philosophie" aber, wie es sich hier als mögliches Ideal aufdrängt, eine Integration dieser beiden Tätigkeitsformen sein? Der Skeptiker wird das bezweifeln. – Auch hier wird man das skeptische Argument schwerlich entscheidend treffen können. Zweifel an seiner Fruchtbarkeit aber lassen sich aus den folgenden Fakten ableiten:

1. Assimilation kann sehr produktiv sein, ohne im Geringsten einer „objektiven Rekonstruktion" zu ähneln. Die Philosophiegeschichte kennt hierfür den Terminus „produktives oder fruchtbares Missverständnis". Vielleicht haben wir hier nicht gefunden, was wir suchten, aber die Suche war doch keineswegs ergebnislos!

2. Umgekehrt mag jemandem eine besonders „objektive“ Rekonstruktion einer philosophischen Position nur deshalb gelingen, weil er sie gerade nicht produktiv assimilieren möchte; weil er sie nämlich etwa für ganz falsch oder gar für unsinnig hält. Ein solcher Philosoph ist nicht blind: Er kann sich vielmehr ziemlich sicher in einem schwierigen Terrain orientieren: in der Geschichte der Philosophie.

Offensichtlich hängt die Fruchtbarkeit der zwei unterschiedlichen Arten von „historischer Philosophie“ also nicht von ihrer Integration ab. Die zu treffende Entscheidung betrifft demnach die Alternative zwischen Fruchtbarkeit und sicherer Fundierung. Ich für meinen Teil neige zu der Einstellung: Ein Schiff im Hafen ist sicher; doch dafür wurde es nicht gebaut.

So kommen wir zum Schluss noch einmal auf die oben bereits in Auseinandersetzung mit Wittgensteins „Sprechverbot“ beschriebene schwierige Lage des Philosophen zurück und stellen fest, dass sie sich auch in diesem neuen Zusammenhang bestätigt: Das Wagnis des Irrtums ist bei der nicht-empirischen Wissenschaft Philosophie besonders groß, aber es ist auch notwendig; denn es gelten beide Sätze, sowohl Wittgensteins Schweigegebot: „Wovon man nicht reden kann, darüber muss man schweigen.“, als auch dessen Umkehrung, „Wovon man nicht schweigen kann, darüber muss man reden.“ – Mehr ist hierzu vorerst nicht zu sagen.

Literatur

Adorno, Theodor W.: Minima Moralia. Reflexionen aus dem beschädigten Leben. Frankfurt 1994.

Beck, Heinrich: Kulturphilosophie der Technik. Perspektiven zu Technik – Menschheit – Zukunft. 2. Aufl. Trier 1979.

Beckett, Simon: Murphy. London 1993.

Camus, Albert: Der Mythos von Sisyphos. Ein Versuch über das Absurde. Mit einem kommentierenden Essay von Liselotte Richter. Reinbek 1959.

Camus, Albert: „Le mythe de Sisyphe." in: Ders.: Essais. Introduction par R. Quilliot. Textes établis et annotés par R. Quilliot et L. Faucon. Paris: Gallimard (Bibliothèque de la Pléiade) 1965.

Camus, Albert: „Pessimisme et Tyrannie." in: Ders: Essais. Introduction par R. Quilliot. Textes établis et annotés par R. Quilliot et L. Faucon. (Actuelles I), Paris: Gallimard (Bibliothèque de la Pléiade) 1965

Duerr, Hans Peter: „Ein Lügengespinst" Der Spiegel 28/1994.

Erenz, Benedikt: „Die tausend Augen des Doktor PC.", Die Zeit Nr. 44/1993

Freud, Sigmund: „Das Unbehagen in der Kultur", in: Das Unbehagen in der Kultur. Und andere kulturtheoretische Schriften. Einleitung v. A. Lorenzer u. B. Görlich. Frankfurt 1994, 29-108.

Goethe, Johann Wolfgang von: Faust. Der Tragödie Erster Teil. Hg. u. komm. v. E. Trunz. München 1991

Habermas, Jürgen: Die Neue Unübersichtlichkeit. (Kleine politische Schriften V) Frankfurt 1985.

Habermas, Jürgen: „Fundamentalismus und Terror." In: Ders.: Der gespaltene Westen. (Kleine politische Schriften X). Frankfurt 2004, 11-31.

Heidegger, Martin: Sein und Zeit. Tübingen 1967.

Heidegger, Martin: Einführung in die Metaphysik. Frankfurt 1983.

Hillgruber, Andreas: Zweierlei Untergang. Die Zerschlagung des Deutschen Reiches und das Ende des europäischen Judentums. Berlin 1986.

Höffe, Otfried: Moral als Preis der Moderne. Ein Versuch über Wissenschaft, Technik und Umwelt. Frankfurt 1993.

Horkheimer, Max/Adorno, Theodor W.: Dialektik der Aufklärung. Philosophische Fragmente. Frankfurt 1981.

Robert, Hughes: Nachrichten aus dem Jammertal. Wie sich die Amerikaner in political correctness verstrickt haben. München 1994.

Humboldt, Wilhelm von: Über die innere und äußere Organisation der höheren wissenschaftlichen Anstalten in Berlin, in: Ders.: Werke. Studienausgabe, Bd. III. Darmstadt 2010, 229-241.

Hume, David: A Treatise of Human Nature. Oxford 1960.

Huntington, Samuel Phillips: Kampf der Kulturen. Die Neugestaltung der Weltpolitik im 21. Jahrhundert. München 1998.

Husserl, Edmund: Phantasie, Bildbewusstsein, Erinnerung. Zur Phänomenologie der anschaulichen Vergegenwärtigungen. Texte aus dem Nachlass (1898-1925) (Husserliana Bd. XXIII). Den Haag 1980.

Jessen, Jens: „Fegefeuer des Marktes." Die Zeit, Nr. 30, Juli 2005.

Jonas, Hans: Das Prinzip Verantwortung. Versuch einer Ethik für die technologische Zivilisation. Frankfurt 1984.
Kant, Immanuel: „Idee zu einer allgemeinen Geschichte in weltbürgerlicher Absicht.", in: Ders.: Ausgewählte kleinere Schriften. Hamburg 1969, 27-44.
Kant, Immanuel: Kritik der reinen Vernunft. Hamburg 1956.
Kister, Kurt: „Brüder im Ungeist", Süddeutsche Zeitung, 255/2003.
Kocka, Jürgen: „Gesellschaftliche Funktionen der Geschichtswissenschaft.", in: Wozu noch Geschichte? Hrsg. v. W. Oelmüller, München 1977, 11-33.
Lambrecht, Roland: Melancholie. Vom Leiden an der Welt und den Schmerzen der Reflexion. Reinbek 1994.
Lenk, Hans/Ropohl, Günter: (Hg.): Technik und Ethik. Stuttgart 1987.
Lübbe, Hermann: Geschichtsbegriff und Geschichtsinteresse. Analytik und Pragmatik der Historie. Basel/Stuttgart 1977.
Lübbe, Hermann et al.: Der Mensch als Orientierungswaise? Ein interdisziplinärer Erkundungsgang. Freiburg/München 1982.
Lüthe, Rudolf: Wissenschaftliche Methode und historische Bedeutung. Philosophische Untersuchungen zu Problemen der Geschichtserfahrung. Freiburg 1987.
Lüthe, Rudolf: Der Ernst der Ironie. Studien zur Grundlegung einer ironistischen Kulturphilosophie der Kunst. Würzburg 2002.
Lüthe, Rudolf: „Das Projekt Globalisierung und das Problem der Fundamentalismen." in: Aufklärung und Kritik 4/2011, 73-80.
Lüthe, Rudolf: Absurder Lebensstolz. Postmoderne Auseinandersetzungen mit der Philosophie Albert Camus'. Münster 2012.
Marquard, Odo: „Kunst als Kompensation ihres Endes." in: Oelmüller, Willi: Kolloquium Kunst und Philosophie 1. Ästhetische Erfahrung. Paderborn 1981, 159-199.
Marquard, Odo: Apologie des Zufälligen. Philosophische Studien. Stuttgart 1986.
Marquard, Odo: „Über die Unvermeidlichkeit der Geisteswissenschaften." in: Ders.: Zukunft braucht Herkunft. Philosophische Essays. Stuttgart 2003, 169-187.
Meyer-Abich, Klaus Michael: Wege zum Frieden mit der Natur. Praktische Naturphilosophie für die Umweltpolitik. München/Wien 1984.
Mill John Stuart: Der Utilitarismus, Stuttgart 1985.
Mittelstraß, Jürgen: „Glanz und Elend der Geisteswissenschaften." In: Kühne-Bertram, Gudrun et al. (Hg.): Kultur verstehen. Würzburg 2003, 35-50.
Montaigne, Michel de: Essais. Auswahl und Übersetzung von Herbert Lüthy. Zürich 1953.
Müller, Klaus: Globalisierung. Frankfurt 2002.
Nietzsche, Friedrich: Der Fall Wagner. Ein Musikanten-Problem. Kritische Studienausgabe Bd. 6. Hg. v. G. Colli u. M. Montinari. München 1999, 13-53.
Nolte, Ernst: Der Faschismus in seiner Epoche. Action Francaise – Italienischer Faschismus – Nationalsozialismus. München 1984.
Nolte, Ernst: „Zwischen Geschichtslegende und Revisionismus? Das Dritte Reich im Blickwinkel des Jahres 1980." In: Piper, Ernst Reinhard (Hg.): „Historikerstreit". Die Dokumentation der Kontroverse um die Einzigartigkeit der nationalsozialistischen Judenvernichtung. 3. Aufl. München/Zürich 1987, 13-35.
Patzig, Günter: Ethik ohne Metaphysik. Göttingen, 2. Aufl. 1983.
Riemann, Fritz: Grundformen der Angst. Eine tiefenpsychologische Studie. München 1990.

Ritter, Joachim: „Die Aufgaben der Geisteswissenschaften in der modernen Welt.", in: Ders.: Subjektivität. Sechs Aufsätze. Frankfurt 1989, 105-140.

Rorty, Richard: Eine Kultur ohne Zentrum. Vier philosophische Essays und ein Vorwort. Stuttgart 2002.

Sartre, Jean-Paul: Das Sein und das Nichts. Hamburg 1991.

Schiller, Friedrich von: „Über die ästhetische Erziehung des Menschen in einer Reihe von Briefen." Schillers Werke (Nationalausgabe) Bd. 20. Weimar 1962, 309-412.

Schnädelbach, Herbert: „Kritik der Kompensationstheorie." in: „Kursbuch" 91/1988, 35-45.

Schwab, Gustav: Die schönsten Sagen des klassischen Altertums. Stuttgart: o. J.

Stachowiak, Herbert: „Die Berliner Universität 1945-1951." Unveröffentlichtes Manuskript.

Steinberg, Hans: „Der Gründer." Unveröffentlichtes Manuskript.

Stürmer, Michael: „Geschichte in geschichtslosem Land." In: Piper, Ernst Reinhard (Hg.): „Historikerstreit". Die Dokumentation der Kontroverse um die Einzigartigkeit der nationalsozialistischen Judenvernichtung. 3. Aufl. München/Zürich 1987, 36-38.

Ungewußt. Die Zeitschrift für Angewandtes Nichtwissen. Siegen 1992-2012.

Wehler, Hans-Ulrich: Entsorgung der deutschen Vergangenheit? Ein polemischer Essay zum „Historikerstreit". München 1988.

Wehler, Hans-Ulrich: Aus der Geschichte lernen? München 1988.

Wittgenstein, Ludwig: Tractatus logico-philosophicus. (Werkausgabe Bd. 1). Frankfurt 1984, 7-83.

Wolf, Christa: Mit anderem Blick. Erzählungen. Frankfurt 2005.

Zimmer, Dieter E.: „PC oder: Da hört die Gemütlichkeit auf.", Die Zeit, 43/1993.